BRUCKMANNS MOTORRADFÜHRER

Dolomiten/Südtirol

ROADBOOKS – KARTEN – TIPPS

Nick Lass

W0236571

BRUCKMANN

Unser komplettes Programm:

www.bruckmann.de

Produktmanagement: Claudia Hohdorf
Lektorat u. Aktualisierung: Stefan Feldhoff, Feldhoff&Martin, Merxleben
Layout: Buchflink Rüdiger Wagner, Nördlingen
Repro: Cromika s.a.s., Verona
Kartografie: Anneli Nau, München
Herstellung: Anna Katavic
Printed in Italy by Printer Trento S.r.l.

Alle Angaben dieses Werkes wurden vom Autor sorgfältig recherchiert und auf den aktuellen Stand gebracht sowie vom Verlag geprüft. Für die Richtigkeit der Angaben kann jedoch keine Haftung übernommen werden. Für Hinweise und Anregungen sind wir jederzeit dankbar. Bitte richten Sie diese an:
Bruckmann Verlag
Postfach 40 02 09
D-80702 München
E-Mail: lektorat@verlagshaus.de

Bildnachweis: Sämtliche Bilder auf dem Umschlag und im Innenteil stammen von Frank Klose und Nick Lass, mit Ausnahme von Heinz E. Studt, S. 5, 67, 100, 114, 137, 142; Eugen E. Hüsler, S. 88; G.Havlena/PIXELIO, S. 44; M.Hummel/PIXELIO, S. 64; K.F.Domnik/PIXELIO, S. 79; G.Hommes/PIXELIO, S. 101; E.Deva/PIXELIO, S. 125; Umschlagrückseite unten vom Bruckmann Verlag

Die Deutsche Nationalbibliothek verzeichnet diese Publikation in der Deutschen Nationalbibliografie; detaillierte bibliografische Daten sind im Internet über http://dnb.d-nb.de abrufbar.

© 2011 Bruckmann Verlag GmbH, München
ISBN: 978-3-7654-5639-8

In gleicher Reihe erschienen ...

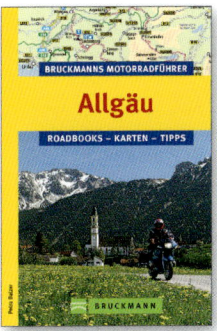

ISBN 978-3-7654-5223-9

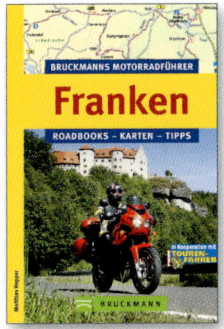

ISBN 978-3-7654-4881-2

ISBN 978-3-7654-4842-3

ISBN 978-3-7654-4841-6

BRUCKMANN

www.bruckmann.de

Inhalt

Dolomiten und Südtirol – Land und Leute

Willkommen in der Welt der wunderbaren Dolomiten – dieser imposanten Gebirgsregion, die ganz sicher zum Schönsten gehört, was die Alpen zu bieten haben, die ja selbst schon ein Kunstwerk der Natur sind. Denn neben kernigen Kurven und wundervollen Kehren samt satter Schräglagen oder ganzen Serpentinenensembles, die den Gleichgewichtssinn dann und wann angenehm durcheinanderschaukeln, beeindruckt gewiss auch immer wieder eine grandiose Landschaft.

Die Dolomiten – welch herrlich bizarre Berge

Dabei ist es eigentlich völlig egal, ob man nun nahe Belluno, im Friaul, im Trentino, in Südtirol oder Osttirol unterwegs ist. Überall werden tief eingeschnittene Täler von wuchtigen Bergriesen überragt, die im Marmoladagipfel mit 3342 Metern über dem Spiegel der Weltmeere ihre höchste Erhebung finden. Doch damit nicht genug: Gleich weitere 18 Gipfel knacken ebenfalls die 3000-Meter-Marke und eine ganze Anzahl anderer kratzt knapp daran. So finden sich in den Dolomiten 41 meist kleinere Gletscher, sieht man einmal von schon genannter Marmolada ab, die auch als

Seite 6/7: Höhenflug übers Würzjoch mit den Geislerspitzen im Hintergrund

Würzjoch mit Geislerspitzen

9

Dolomiten/Südtirol

Falzarego

respektables Sommerskigebiet intensiv genutzt wird. Wenn Sie also den beigefügten Roadbooks folgen, so lassen Sie sich ruhig ein wenig mehr Zeit als sonst. Es gibt nämlich nicht nur reichlich zu »er-fahren«, sondern auch zu erleben und vor allem auch zu sehen. Immerhin erstreckt sich diese einmalige Gebirgswelt östlich der Etsch als Teil der Südlichen Kalkalpen auf einer Gesamtfläche von etwa 150 Kilometer Länge und 80 Kilometer Breite. Groß genug, um 10 Spitzentouren vorzustellen. Obwohl die gar nicht weit entfernte Brentagruppe bei Madonna di Campiglio aus geologischer Sicht eigentlich den Dolomiten hinzugerechnet wird, beschränken wir uns auf jenes Gebiet, das man im Volksmund unter dem Begriff Dolomiten kennt, und das als Folge des Ersten Weltkriegs zu einem großen Teil, aber doch nicht ganz auf italienischem Boden liegt. Denn da wären auch noch die nicht minder schönen Lienzer Dolomiten im österreichischen Osttirol, die ebenfalls eine adrenalinsteigernde Kurvenräuberei wert sind.

Ein paar Worte zur Geologie

Doch halt, bevor Sie nun gleich auf die Sitzbank kraxeln, soll Ihnen das fantastische und unverwechselbare Gebirge wenigstens in Geologie, Geschichte und dem für Motorradtreiber so wichtigen Wetter noch ein wenig näher gebracht werden. Also, die weithin sichtbaren Gebirgsstöcke der Dolomiten bestehen, wie der Name schon vermuten lässt, hauptsächlich aus gesteinsbildendem Dolomit in der typisch gelblich-weißen Farbe, die sich bei Sonnenuntergang oft in glühende Töne verwandelt. Namensgeber dieses weltweit verbreiteten Minerals $CaMg(CO_3)_2$ mit einer relativen Härte zwischen 3,5 und 4 (Glas hat beispielsweise den Wert 7) war der französische Mineraloge D. de Gratet de Dolomieu (1750–1801), der dieses kalkhaltige und wirtschaftlich nutzbare Mineral erstmals beschrieb. Dolomit findet beispielsweise auch heutzutage noch Verwendung im Straßenbau (deshalb die teils hellen Straßenbeläge in dem Gebiet) und als ergiebiger Kalklieferant in calzinierter (gebrannter) Form wird es zum Auskleiden von Bessemerbirnen bei der Stahlerzeugung verwendet. Den oft nicht sichtbaren Sockel des Gebirges bilden dagegen häufig andere Gesteine, wie der aus großer Tiefe stammende Porphyr und Sedimente wie Schiefer oder diverse Sandsteine. Man unterscheidet übrigens die Ampezzaner, Belluneser, Friauler, Grödner, Fassaner, Sextener und Lienzer Dolomiten, die Sie natürlich alle im Rahmen der folgenden Roadbooktouren kennenlernen werden.

Und noch ein paar Worte zur Geschichte

Die weit abgelegenen und einst schlecht erreichbaren Dolomiten wurden vor wenigstens 2500 Jahren von keltischen Stämmen besiedelt, die damit dem sich schnell ausdehnenden Römischen Reich ausweichen wollten. Im Verlauf der weiteren Geschichte gerieten sie letztendlich doch unter römischen Einfluss. Ein Relikt jener vergangenen Epoche ist die noch erhaltene und mittlerweile wieder intensiver

Serpentinen vorm Heiligkreuzkofel

gepflegte ladinische Sprache, die ihre Ursprünge im Keltischen hat, aber unüberhörbar stark lateinisch beeinflusst wurde. Sie ist dem Rätoromanischen im Wallis dabei recht ähnlich. Nach dem Zusammenbruch des Römischen Reiches geriet das Gebiet dann teils unter bayerischen, österreichischen und

auch italienischen Einfluss. Letzterer wurde nach dem Ersten Weltkrieg, als man die wunderbare Bergwelt rücksichtslos in Flammen und Tod tauchte, noch deutlich größer. Spuren aus jener blutigen Zeit, wie die Schützengräben zwischen dem Passo di Valparola und dem Passo di Falzarego beispielsweise, sind immer noch allerorts zu entdecken. Hier und da trifft man zudem auf Kriegsgräberfriedhöfe und auch einige dieser genialen Passstraßen, die wir nur allzu gern befahren, gehören eigentlich zu den Relikten dieser grausigen Schlacht. Denn ursprünglich waren sie nichts anderes als eilig gebaute Nachschubwege für die Alpenfront, die sich vom Ortler zum Isonzo an der heutigen Grenze zwischen Slowenien und Italien zog. Gottlob sind die Zeiten – wenigstens in Europa – wieder friedlicher und die Dolomiten ein wunderschöner Teil eines vereinten Europas geworden. Dort können heute etwa 20 000 Ladiner inmitten Italienern und deutschsprachigen Südtirolern ein ganz gutes Leben führen. Denn nachdem sie jahrhundertelang von der Almwirtschaft oder dem Holzschnitzhandwerk mehr schlecht als recht lebten, ist heute der Fremdenverkehr mit Abstand der Haupterwerbszweig der einheimischen Bevölkerung, wobei wir Motorradreisende wenigstens im Sommer zu einem nicht mehr wegzudenkenden Wirtschaftsfaktor geworden sind.

Wo der Sommer zu Hause ist

Grund hierfür ist sicher auch die unumstößliche Tatsache, dass die Dolomiten selbst in Sachen Wetter zu den bevorzugten Alpenregionen gehören. Denn egal, welchen Pass man aus nördlicher Richtung über den Alpenhauptkamm wählt, meist lässt man dabei auch gleich das Schlechtwetter hinter sich. Das Verhältnis von Regen- zu Sonnentagen gestaltet sich in den Dolomiten nämlich umgekehrt wie in

den Nordalpen und das sorgt für meist trockene Kurven.
Die man dann schon von Ende April – da weicht der Winter
zügig der südlichen Sonne – bis in den späten Oktober hinein genießen kann. Und dabei wünschen wir viel Spaß
und allzeit »Gute Fahrt«.

*Blütenträume
gibt's im Früh-
jahr überall im
Etschtal, wie
hier bei Meran.*

In Südtirol und im Trentino –
Land des Sonnenscheins

Bon di, Buon giorno, Guten Tag«, gleich dreisprachig wird
man südlich des Alpenhauptkamms in Südtirol und im Trentino begrüßt. Wobei erster Gruß aus dem Ladinischen
stammt, einer uralten keltisch-römischen Sprachform, die
in Tälern, wie Grödner Tal oder Fassatal beispielsweise, die
lange Zeit sehr abgelegen waren, auch heute noch gepflegt
wird. Südlich von Salurn war Italienisch immer die Mutter-
sprache, auch während das Trentino als Welschtirol vor

Dolomiten/Südtirol

1918 für einige Zeit zur K.u.k.-Monarchie Österreich gehörte. Die deutsche Sprache dagegen ist in Südtirol immer noch tief verwurzelt und so wird es vorerst wohl auch bleiben. Selbst die einst versuchte Zwangsassimilierung (Deutsch war damals verboten!) durch Mussolini

Abendlicher Blick hinüber zum Mendelkamm

oder Hitlers versuchte Umsiedlung »heim ins Reich« konnten daran nichts ändern. Noch heute beträgt der Anteil der deutschsprachigen Bevölkerung etwas mehr als 66%. Aber in den friedlicheren Zeiten eines nahezu vereinten Europas spielt das alles gottlob keine Rolle mehr. Also wenden wir uns lieber dem zu, was diesen reizvollen Landstrich so einmalig und so außerordentlich liebenswert macht.

Fangen wir also am bekannten Reschenpass an, einem der bevorzugten Wege nach Südtirol. Hier lässt man meistens, wie übrigens auch am Brennerpass, die oft genug verhangenen und düster wirkenden Nordalpen und deren miese Wetterlaunen hinter sich. Denn Tirols Süden und das Trentino gehören auf unserem Planeten ganz sicher zu den bevorzugten Regionen akkurates Motorradwetter betreffend – und das auch schon ganz früh im Jahr, wenn anderswo Ski und Rodel noch allgemein gut gemeldet werden und selbst noch im Herbst, wenn nördlich der Alpen schon wieder Frostbeulen garantiert sind. Grundsätzlich gilt: Gestaltet sich die Wetterlage nördlich des Alpenhauptkamms mal wieder reichlich depressiv, dann bietet das Gebiet zwischen Brenner und Gardasee, zwischen den Dolomiten und der Adamellogruppe fast immer azurblauen Himmel und wärmenden Sonnenschein.

Nur das eher selten auftretende Genuatief kann den südlichen Sommer negativ beeinträchtigen. Es ist übrigens genau dann aktiv, wenn die Nordalpen unter Föhn liegen und Kopfschmerzen dort die Runde machen. Motorradtouren, die auch über höher gelegene Pässe führen sollen, kann man normalerweise ab Mitte April – je nach Wetter – starten. Wer ohne die schon arg gebeutelte Kultstrecke am Stilfser Joch nicht auskommt, darf aber erst ab Mitte Juni Richtung Südtirol düsen.

Es soll aber auch wetterfeste Motorradtreiber geben, die es selbst im Winter in das in diesem Buch vorgestellte Gebiet verschlägt. Denn nicht alle Pässe sind dann dicht. Beispielsweise das Grödner Joch, der Sella Pass, der Passo di Falzarego, der Passo di Campo Lungo und einige mehr sind ganzjährig geöffnet. Wie auch immer man es mag, jeweils genaue Infos über die aktuelle Befahrbarkeit der Passstraßen bekommt man beim ADAC, Tel. 0180/5101112 oder im Internet unter www.adac.de/reise_freizeit/verkehr/alpenstrassen.

Unruhige Geschichte

Südtirol, heute Teil der autonomen norditalienischen Region Trentino-Südtirol, breitet sich auf etwa 7400 Quadratkilometer aus. Das Gebiet entspricht exakt der heutzutage mit besonderen Autonomierechten ausgestatteten italienischen Provinz Bozen (Bolzano), deren gleichnamige Hauptstadt sich am Zusammenfluss von Eisack und Etsch befindet. Im 6. Jahrhundert wurde Südtirol von Bayern besiedelt. Das Land mit sanften,

Guten Appetit – eine Brotzeit hoch über dem Eisacktal

Dolomiten/Südtirol

vom Klima verwöhnten Tälern, wie Vinschgau, Pustertal sowie Etschtal beispielsweise, aber auch schroffen Gebirgszügen wie Dolomiten, Ortler, Texelgruppe, Ötztaler und Zillertaler Alpen, war bis 1363 Kernland der Grafen von Tirol mit Sitz in Meran. Danach fiel es durch Erbschaft an die Habsburger Monarchie und verblieb bis 1918 unter der Herrschaft Wiens. Nach dem Ersten Weltkrieg fiel Südtirol im Vertrag von Saint-Germain-en-Laye zum Leidwesen der einheimischen Bevölkerung an Italien, das schon mehrmals zwischen 1848 und 1915 unverhohlene Ansprüche auf diese Region erhoben hatte. Allerdings bekam Italien mit der Einverleibung Südtirols ein erhebliches Nationalitätenproblem. Zunächst versuchte die Administration Mussolinis die Südtirolfrage durch eine zwangsweise Assimilierung zu lösen. 1939 votierte die Bevölkerung unter dem Druck einer nun absolut nicht freien Wahl für eine Umsiedlung nach Deutschland. Allerdings traten nur wenige Südtiroler den so genannten Weg heim ins Reich an. Die Südtirolfrage blieb damit ungeklärt. Auch ein Abkommen von 1948, in dem der deutschsprachigen Bevölkerung nach dem Zweiten Weltkrieg kulturelle und administrative Autonomie zugestanden wurde, unterlief die italienische Zentralregierung in Rom.

Bildlegende noch einzusetzen

Das Abkommen wurde nämlich zunächst auf die neu geschaffene Region Trentino-Alto Adige (seit 1992 Trentino-Südtirol) angewandt, wo die deutschsprachige Bevölkerung sich natürlich in der Minderheit befand. Die Südtiroler Volkspartei, eine nach dem Zweiten Weltkrieg gegründete

christlich-konservative Sammelbewegung der Deutsch und Ladinisch sprechenden Bevölkerung, forderte daraufhin nachhaltig ihr Selbstbestimmungsrecht zurück. Auch eine nun geforderte reelle Volksabstimmung für eine Rückgliederung an das österreichische Tirol wurde in Rom ignoriert. Erhebliche Spannungen zwischen Österreich und Italien waren eine Folge, gewalttätige Proteste eines Teils der Südtiroler Bevölkerung eine andere. Ab 1969 kam man sich dann aber doch näher. Die Spannungen zwischen Österreich und Italien konnten nach und nach abgebaut werden. Erheblichen Anteil an der Verständigung, die 1972 zu einem Autonomiestatut in der italienischen Verfassung führte, hatte die Südtiroler Volkspartei (SVP) unter Silvio Magnago. Allerdings wurde auch dessen Umsetzung von italienischer Seite des Öfteren verschleppt, so dass die österreichische Regierung nach Absprache mit der Südtiroler Volkspartei den Konflikt erst 1992 für völkerrechtlich beendet erklären konnte.

Schräglage am Passo di Rolle

Dolomiten/Südtirol
Kleiner Sprachführer

Die Aussprache italienischer Wörter ist im Prinzip einfach. Häufig wird auf der vorletzten Silbe betont. Die Aussprache entspricht mit wenigen Ausnahmen der Schreibweise:

C und g werden vor i und e als »tsch« bzw. »dsch« gesprochen, d.h. Cina = »Tschina«.

Vor a, o, u und h als k bzw. g: Chianti = »Kianti«.

Gn und gl werden wie »nj« bzw. »lj« gesprochen, d.h. Gnocchi wie »njokki«. Der Buchstabe h wird gar nicht ausgesprochen, ha = »a«.

Allgemein

Guten Tag	Buongiorno
Hallo	Ciao
Wie geht s	Come sta?
Danke, gut	Bene, grazie
Ich heiße	Mi chiamo

Essen und Trinken

Die Speisekarte	il menu
Brot	pane
Kaffee	caffè
Tee	tè
Suppe	minestra
Fisch	pesce
Fleisch	carne
Geflügel	pollame
Beilage	contorno
Bier	birra
Aperitiv	aperitivo
Mineralwasser	acqua minerale
Frühstück	prima colazione
Mittagessen	pranzo
Abendessen	cena
Ich möchte bezahlen	Il conto, per favore

*Rauschendes
Naturerlebnis*

Dolomiten/Südtirol

Im Hotel

Ich suche ein Zimmer für … Personen	Cerco una camera per … persone
Mit Dusche und Toilette	Con doccia e servizio
Mit Balkon	Con balcone
Wie viel kostet das Zimmer pro Nacht	Quanto costa la camera per notte
Mit Frühstück	Con prima colazione
Kann ich das Zimmer sehen	Posso vedere la camera
Haben Sie ein anderes Zimmer	Avete un altra camera
Das Zimmer gefällt mir	Mi piace la camera
Kann ich mit Kreditkarte zahlen	Posso pagare con carta di credito
Wo kann ich parken	Dove posso mettere la moto

Notfälle

Ich brauche einen Arzt	Ho bisogno di un medico
Rufen Sie bitte einen Krankenwagen	Chiami un'ambulanza, per favore
(die Polizei)	(la polizia)
Wo ist das Polizeirevier	Dov'è la polizia
Ich bin bestohlen worden	Mi hanno derubato

Die Zahlen

1	uno		18	diciotto
2	due		19	dicianove
3	tre		20	venti
4	quattro		100	cento
5	cinque		200	duecento
6	sei		300	trecento
7	sette		400	quattrocento
8	otto		500	cinquecento
9	nove		600	seicento
10	dieci		700	settecento
11	undici		800	ottocento
12	dodici		900	novecento
13	tredici		1000	mille
14	quattordici			
15	quindici			
16	sedici			
17	diciasette			

Pannenwörterbuch

Einige hilfreiche Redewendungen für den Motorradfahrer:

Wie komme ich zum Händler ...	Come arrivo dal concessionario ...
Ich habe eine Panne mit dem Motorrad	Ho un guasto alla mia moto
Ich habe eine Reifenpanne	Ho forato un pneumatico
Das Motorrad springt nicht an	La moto non si avvia
Die Bremse funktioniert nicht	Il freno non funziona
Geräusche im Getriebe	Rumorosità nel cambio
im Motor	nel motore
in der Vorderradgabel	nella forcella anteriore
im Hinterradantrieb	trasmissione finale
Wie teuer ist die Reparatur	Quanto costa la riparazione
Können Sie mein Motorrad abschleppen	Può rimorchiare la moto

Dolomiten/Südtirol

ALLGEMEIN

Ganz sicher gehören die Dolomiten mit zu den schönsten Gegenden auf unserem Erdball. Aber im Gegensatz zu einem anderen weit entfernten Traumziel hat dieses mächtige Gebirge für Mitteleuropäer einen unschlagbaren Vorteil: Nur rund 300 Kilometer südlich von München gelegen, ist es schnell erreichbar. Und noch etwas: Wer Dolomitenpässe unter die Reifen nimmt, kurvt sozusagen schon durch Südeuropa. Das heißt nichts anderes, als dass der nicht weit nördlich gelegene Alpenhauptkamm so manches miese Schmuddelwetter zuverlässig abhält, und das gefällt Motorradtreibern ja doch besonders gut.

Weniger gut dürften dagegen die Öffnungszeiten der Tankstellen gefallen, die fast alle von 12 Uhr bis mindestens 15 Uhr, samstags ab Mittag und sonntags sowieso geschlossen (chiuso) haben. Tankautomaten gibt es zwar des Öfteren, aber man braucht praktisch gebügelte Geldscheine, um die Tanksäulen zum Leben zu erwecken.

GELD UND KOSTEN

In den Dolomiten muss man sich auf ein ähnliches Preisniveau wie in Deutschland oder Österreich einstellen. Nur das Benzin ist deutlich teurer.

FORMALITÄTEN

Keine, da EU-zugehörig. Also nur wie daheim Personalausweis, Führerschein und Fahrzeugschein mitführen.

KLIMA & REISEZEIT

Die Dolomiten gehören zu den südlichen Zentralalpen, wo die Einflüsse des Mittelmeerklimas nicht mehr von der Hand zu weisen sind. So findet unterhalb 1500 Metern Seehöhe oft gar kein richtiger Winter statt. Die wichtigsten Dolomitenpässe sind daher auch meist rund ums Jahr geöffnet und werden nur bei speziellen Gefahren gesperrt. Eine generelle Wintersperre gilt nur für einige wenige Pässe, wie Fedaia (November bis Mai), oder für den Passo di Giau (Dezember bis April). Abgehärtete Motorradtreiber können also auch während der kalten Jahreszeit hier ihren Spaß haben. Wer es etwas wärmer mag, kann zwischen Ostern und Spätherbst die besten Kurventräume zelebrieren. Aktuelle Straßeninfos zu den Pässen bekommt man per Internet am besten bei »www.oeamtc.co.at« oder telefonisch beim ADAC unter der bundeseinheitlichen Servicenummer 01805/10 11 12.

ANREISE

Von Deutschland aus über Inntalautobahn und Brennerautobahn oder besser mautfrei auf parallel verlaufenden Bundesstraßen. Alternativ bietet sich auch die Strecke über Garmisch, Zirler Berg, Inntalbundesstraße und Brennerbundesstraße an. Achtung: reichlich Wegelagerei der österreichischen Polizei hinsichtlich radikaler, aber für den Staatssäckel erfolgreicher Radaraktionen! Wer aus dem Westen Deutschlands anreist, fährt am besten via Füssen und dem Fernpass ins Inntal. Hier nun entweder über Innsbruck und Brenner oder aber schöner über Landeck, Nauders und den Reschenpass Richtung Südtirol. Aus Österreich bieten sich auch die mautpflichtige Felbertauernstraße und der Plöckenpass für eine Tour in die Dolomiten an. Eine andere gute Transportlösung für Nordlichter, um samt Maschine Richtung sonnigen Süden beziehungsweise Bozen oder Villach zu gelangen, bietet der Autoreisezug. Vor allem, wenn man gern auf unangenehme Regenschlachten, Frostbeulen und Schwielen am Allerwertesten verzichtet. Und das Beste: Der Transport im Autoreisezug ist für die Zweiradfraktion mehr als erschwinglich. Vor allem, wenn man bei der Terminplanung die (saisonal bedingte) preisgünstige gelbe Preisstaffel aus dem Autoreisezugkatalog wählt. Außerdem spart man so wenigstens zwei Tage des allzu kostbaren Urlaubs. Infos: DB Autozug GmbH, Königswall 21, 44137 Dortmund und an 365 Tagen im Jahr: 8–22 Uhr unter der Servicenummer 018 05/99 66 33 (14 ct./Minute) oder im Internet unter www.dbautozug.de

ALLEMEINE INFOS

(Bitte die Null der Ortskennzahl in Italien stets mitwählen!)

Südtirol

Südblick Touristik
Rienzfeldstraße 30
I-39031 Bruneck
Tel. 00 39/04 74/01 01 91
Fax 00 39/04 74/53 88 65

E-Mail
suedblick@suedtirol.com
Internet www.suedtirol.com

Trentino
APT Trento, monte Bondone
e Valle dei Laghi
Via Manci 2
I–38100 Trento
E-Mail
informazioni@apt.trento.to
Internet apt.trento.to

Veneto
A.P.T. Cortina
P.tta S. Francesco 8
I–32043 Cortina d'Ampezzo
Tel 00 39/04 36/32 31
Fax 00 39/04 36/32 35
E-Mail cortina@infodolomiti.it
Internet www.infodolomiti.it

A.P.T. Belluno
Piazza Duomo
I–32100 Belluno
Tel. 00 39/04 37/94 00 83
Fax 00 39/04 37/94 87 16
E-Mail
belluno@infodolomiti.it
Internet www.infodolomiti.it

Kärnten
Urlaubsinformation Kärnten
Casinoplatz 1
9220 Velden
Tel. 00 43/(0)4 63/30 00
Fax: 00 43/(0)42 74/521 00 50
info@kaernten.at
www.kaernten.at

Osttirol
Osttirol Werbung
Albin-Egger-Straße 17
A-9900 Lienz
Tel. 00 43/(0)50/21 22 12
Fax 00 43/(0)50/212 21 2
E-Mail info@osttirol.com
Internet www.osttirol.at

NOTRUF/PANNEN-HILFE (ITALIEN)

Polizei, Feuerwehr und Notdienste Tel. 1 13

Pannenhilfe Tel. 116

Pannendienst des ACI
Tel. 80 31 16 (in Italienisch)

ADAC-Notdienst für Italien
Tel. 00 39/039/210 41 oder
Tel. 00 49/89/22 22 22 (München)

In Österreich:
Pannendienst des ARBÖ
Tel. 1 23
Pannendienst des ÖAMTC
Tel. 1 20

INTERNETGUIDE

Alle hier vorgestellten Internetadressen liefern interessante Informationen ganz allgemein zum Thema Motorradreisen, wobei selbstverständlich kein Anspruch auf Vollständigkeit erhoben wird.

www.tourenfahrer.de
Internetportal der wichtigsten deutschen Reisezeitschrift für Motorradfahrer.

www.reisemotorrad.de
Die Homepage des bekannten Reisemagazins für Motorradfahrer.

www.alpenroute.de
Alle Pässe, Gipfel und Hochtäler. Mit Infos zu Sperrungen, Bauarbeiten, Straßenzustand.

www.gaskrank.tv
Fahr-Videos von vielen interessanten Strecken und Pässen. Nicht nur für Speedfreaks.

www.Motoroute.de
Hier findet man immer mehr Hotels, die sich auf die Bedürfnisse ihrer Motorrad fahrenden Gäste besonders eingestellt haben.

www.motorrad.net
Page mit umfassenden Informationen rund ums Motorrad.

www.adac.de
Leider steht ein Großteil der Pages nur Mitgliedern zur Verfügung. Die werden dann aber üppig bedient. Es gibt beispielsweise recht gute Infos zum Thema Reisewetter.

www.motorradsuche.de
Hier gibt's alles: Tourenbeschreibungen, Hoteladressen etc.

www.trentino.to
Ausführliche Tourismusinformationen über das Trentino mit Wetterservice und Hoteladressen.

www.sudtirol.com
Gut gemachte Infopage mit ebenfalls umfassenden touristischen Informationen.

www.stol.it
Eine Mischung aus Tageszeitung, Illustrierter und Gästemagazin mit allem was dazugehört. Klasse gemacht.

www.suedtirol.com
Ebenfalls jede Menge Infos zu Land und Leuten.

www.gardasee.de
Hier findet man fast alles Wissenswerte rund um den Gardasee.

Rosengarten, Geislerspitzen

TOUREN-CHECK

🕐 3–4 Stunden 🏍 172 Kilometer

🏍 Willkommen im sagenhaften Reich König Laurins, der nach der Fabel einst im Rosengarten gleich gegenüber dem Latemar herrschte und wohl kaum ein schöneres Fleckchen Erde hätte finden können. Über vier herrlich zu fahrende Pässe gelangen wir in sein Zauberreich und zu den markantesten Gipfeln Südtirols. Dabei lernen wir auch die Kultur in den traditionsverbundenen Tälern kennen.

Los geht's also im gemütlichen Örtchen **Steinegg**, das nicht nur wie ein Adlerhorst hoch über Bozen thront, sondern auch das weithin bekannte und wirklich empfehlenswerte Motorradhotel »Steinegger Hof« beherbergt. Von dort geht es noch weiter hinauf: Die recht breite Straße windet sich weit geschwungen an saftig grünen Wiesen entlang hinüber nach **Welschnofen**. Dort wartet dann gleich die zweite geniale Bergstrecke hinauf zum **Karerpass**. Allerdings sollte man da nicht allzu zügig unterwegs sein. Denn rechter Hand taucht schon bald ein felsiges Monstrum namens **Latemar** auf, dessen schroffe Felstürme und Steilwände

Der Latemar

nicht nur zur Kategorie »äußerst sehenswert« gehören, sondern dieser auch alle Ehre machen. Kein Wunder, wenn man bedenkt, dass sich dessen Gipfel bis auf über 2800 Meter in den Himmel recken. Ein besonders schönes Bild gibt dieser unverwechselbare Gebirgsstock übrigens am **Karer See** ab, vor allem wenn sich der **Latemar** im türkis bis jadefarben schimmernden Wasser des Sees spiegelt. Allerdings kann man dieses wunderschöne Bild nur im Frühjahr genießen, wenn im See von der Schneeschmelze noch genug Wasser vorhanden ist, das dann später im Sommer versickert. Apropos schönes Bild – gleich nach dem wenig spek-

Die Sage von König Laurins Rosengarten

Einst herrschte der Zwergenkönig Laurin auf einer kristallenen Burg tief im Erdinneren. Tausende von Zwergen waren ihm untertan und bargen unermessliche Schätze an Gold, Silber und Edelsteinen aus dem Felsen. Genau darüber, im Licht der Sonne, hatte sich der König einen herrlichen, nur mit goldenen Seidenfäden umzäunten Rosengarten geschaffen, dessen Anblick jeder Vorbeikommende genießen, aber nicht betreten durfte, wenn ihm sein Leben lieb war. Herr Dietrich von Bern (Verona) samt Gefolge scherte sich allerdings nicht darum. Er wollte den Zwergenkönig dafür bestrafen, dass dieser – in heiß entbrannter Liebe zur Jungfrau Kühnhilde – sie mithilfe seiner Tarnkappe entführt hatte. Sogleich sprengte König Laurin heran, bebend vor Zorn. Es kam zum Kampf, den der Zwergenkönig trotz seiner Zauberkräfte verlor. Also musste er Dietrich zu der Entführten leiten.

Sie gingen durch eine Felsenpforte in den Thronsaal, der aus Marmor, Gold und edlen Steinen erbaut worden war. Laurin lud nun seine Gäste zu Tisch, die arglos tafelten, aber von vergifteten Säften betäubt wurden. Laurin ließ sie fesseln und in einen Kerker werfen. Kühnhilde, die im Zwergenreich als Königin geachtet wurde, konnte ihre Retter aber wieder befreien und es kam zum Kampf mit dem verräterischen Zwergenvolk. Laurin wurde abermals gefangen genommen und musste fortan am Berner Hof schmachvoll dienen. Laurins Rosengarten aber wurde in den gleichnamigen Berg verwandelt.

Vom Passo Pordoi nach Arabba

takulären **Karer Pass**, auf italienisch »**Passo di Costa-
lunga**«, öffnet sich weit unter einem das lang gestreckte
Fassatal (Val di Fassa) mit einem Panoramablick der Extraklasse. In Talnähe dominieren dabei wieder saftige Wiesen
mit scheinbar zufriedenen, wiederkäuenden Kühen. Darüber gruppieren sich dichte Nadelwälder und ganz oben, sozusagen als Sahnehäubchen, beeindrucken imposante,
gelblich weiß leuchtende Gesteinsformationen in allen
denkbaren Variationen, die auch hier von markanten Spit-
zen bis hin zu massigen Felsbastionen reichen.

Durchs Fassatal zum Passo Pordoi und weiter nach Arabba

Im Tal, genauer gesagt ab **Pozza di Fassa**, wird die Straße
dann wieder etwas voller. Man trifft dort neben anderen

Zweiradbesessenen auch reichlich Vierrädriges bis hin zu Unmengen von Reisebussen. Diese ziehen garantiert zähe Kolonnen hinter sich die Pässe hinauf. Gut, dass zwischen manchen Spitzkehren die Geraden etwas länger und Motorräder doch ein wenig spritziger sind. Das spart eine mit reichlich Dieselabgasen geschwängerte Atmosphäre hinterm Visier und sorgt für einigermaßen freie Fahrt wie hinauf zum **Passo Pordoi**, wo wieder einmal eine Aussicht vom Feinsten geboten wird. Zudem kann man dann auch noch die luftige Seilbahn hinauf zur Pordoispitze bestaunen. Der Anblick der Gondel, die weit über dem Boden schwebt, erinnert irgendwie an Hochseil-Akrobatik. Jedenfalls werden dem ein oder anderen Zuschauer die Knie sicher ein wenig weich. Also besser wieder die Maschine starten und weiter, denn es wartet die Abfahrt hinunter

*Latemar
mit Karersee*

29

nach **Arabba**. Das wird wieder ein Mordsgeschlängel mit Bilderbuchpanorama vom Feinsten, was ganz sicher auch bei Ihnen für eine langsamere Gangart sorgen wird.

Passo di Campolongo, Gadertal, Würzjoch und Villnößtal

Zugegeben: Im Vergleich zum spektakulären **Passo Pordoi** wirkt der **Passo di Campolongo** schon fast ein wenig fad. Dafür kommt man hier und im folgenden Gadertal recht zügig voran. Jedenfalls bis **St. Martin**, wo der nächste Gipfel-

*Sonnenunter-
gang in Stein-
egg*

sturm zum **Würzjoch** (**Passo delle Erbe**) und auch die folgende Abfahrt wieder über viele kleine, teils arg gebeutelte Sträßchen führt. Linker Hand türmen sich währenddessen die mächtigen **Geislerspitzen** auf, die einem bei ihrem Anblick wieder einmal beweisen, wie klein man doch eigentlich ist. Und dann wartet das **Villnößtal**, noch in einer gewissen Ursprünglichkeit verharrend, bevor man im tiefer gelegenen **Eisacktal** durch den üppigen Verkehr auf der alten Brennerstraße subito in die Gegenwart katapultiert wird. Aber gottlob nur für ein paar Momente, denn die folgende Strecke über **Seis** und **Völs** sorgt gleich wieder für optische Highlights wie dem **Schlernmassiv** und einer tollen Strecke ins schon bekannte **Eisacktal**, wo dann passend zu dieser Traumrunde 15 kernige Serpentinen ungetrübtes Fahrvergnügen versprechen – bis hinauf nach **Steinegg**, dem Ausgangspunkt der Tour.

*Morgenstim-
mung nahe
Steinegg*

INFORMATION

• Steinegg
Tourismusverein Steinegg
I-39050 Steinegg
Tel. 0039/0471/37 65 74
Fax 0039/0471/37 67 60
E-mail info@steinegg.com
Internet www.steinegg.com

• Val di Fassa
A.P.T. Val di Fassa
Strèda Roma 36
I-38032 Canazei
Tel. 00 39/04 62/60 95 00
info@fassa.com
www.fassa.com

• Gadertal
Tourismusverein Corvara
Streda Col Alto 36
I-39033 Corvara

Tel. 0039/0471/83 61 76
Fax 0039/0471/83 65 40
E-Mail corvara@altabadia.org
Internet www.altabadia.org

UNTERKUNFT

• Steinegg
Hotel »Steinegger Hof«
Oberdorf 128
39050 Steinegg (Collepietra)
Tel. 0039/0471/37 65 73
Fax 0039/0471/37 66 61
E-Mail
info@steineggerhof.com
Internet
www.steineggerhof.com
Eines der besten Motorradhotels der Gegend, das auch
günstige Pauschalprogramme
inklusive geführter Touren
anbietet.
€€

• Eggen
Hotel Mondschein
Stenk 4
I-39050 Eggen
Tel. 0039/0471/61 01 23
Fax 0039/0471/61 02 94
Internet www.hotel-mond-
schein.com
€€

• Canazei
Hotel Bellavista
Pordoistraße 12
I-38032 Canazei/Pecol
Tel. 0039/0462/60 11 65
Fax 0039/0462/ 60 12 47
E-Mail
info@bellavistahotel.it
Internet
www.bellavistahotel.it
€€€

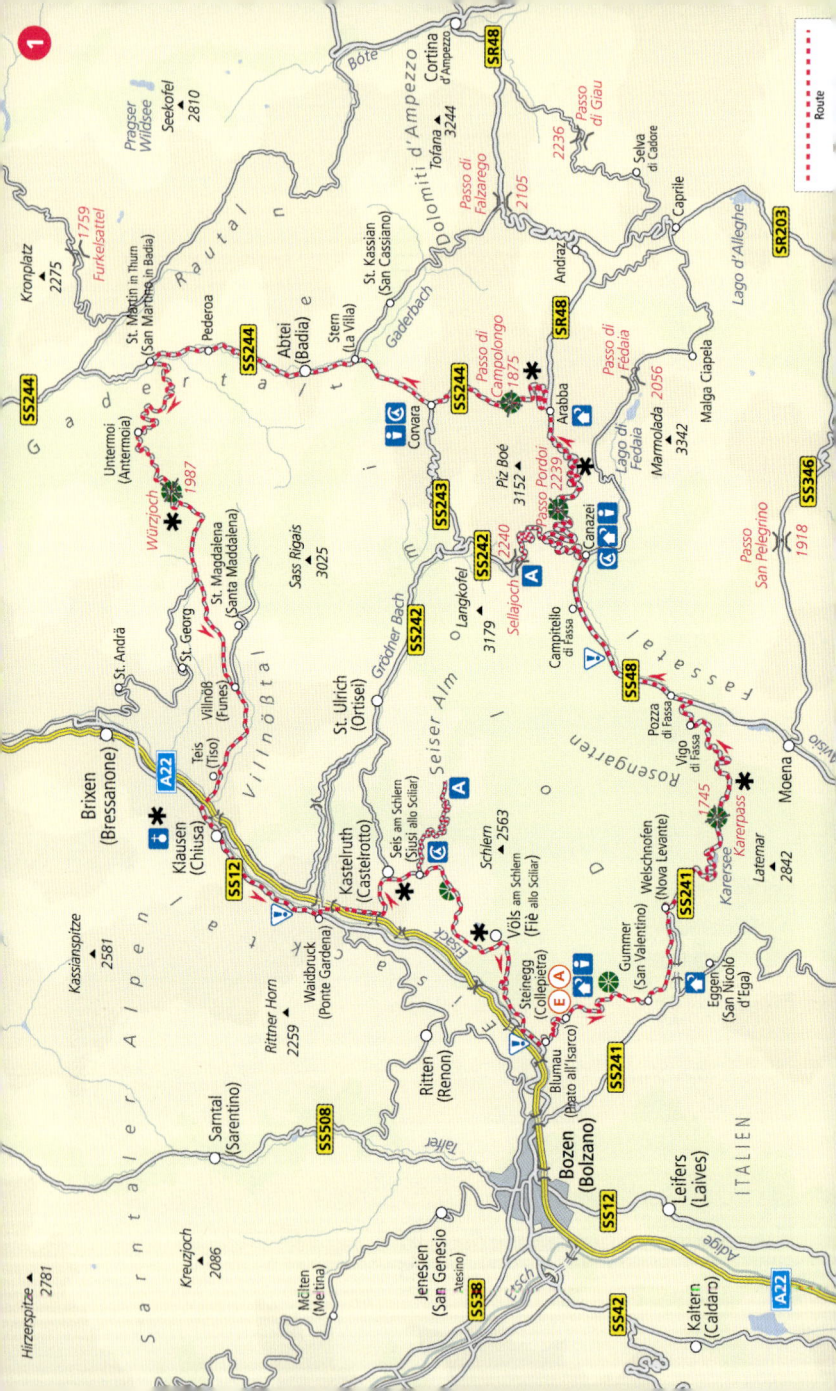

Roadbook 1 Südtirol, Trentino, Veneto

Nr.	km	Position	Richtung	Information
16	172	**Blumau (Prato all'Isarco)**		15 Superkehren bergan in Richtung Steinegg, teilweise muss mit Splitt gerechnet werden.
15	166	**Blumau (Prato all'Isarco)**		Ein kurzes Stück in Richtung Bozen und gleich am nächsten Abzweig wieder abbiegen.
14	165,5	**Seis**		Von Seis lohnt sich ein Abstecher zur Seiser Alm.
13	149,5	**Waidbruck**		Kurvenreicher Bergaufsurf nach Kastelruth und Seis mit toller Aussicht über das Eisacktal.
12	140,5	**Waidbruck (Ponte Gardena)**		Nur kurz in Richtung Gröden (Val Gardena) halten.
11	139,5	**Einmündung SS12**		Auf der oft ziemlich vollen Brennerstraße in Richtung Klausen/Bozen.
10	131	**Abzweig nach Villnöß**		Fahrt durch das einmalige Villnößtal zur SS12.

Nr.	km	Position	Richtung	Information	Route
9	114	St. Martin (San Martino)	↰	Tolles Kurvengeschlängel auf kleinem Sträßchen über das Würzjoch in Richtung Brixen.	– / 20
8	94	Corvara	←	Schnelle Strecke durchs Gadertal (Val Badia).	SS243 / 18
7	76	Arabba	↱	Über den Passo di Campolongo nach Corvara.	– / 10
6	66	Abzweig hinter Canazei	↑	Superserpentinen hoch zum Passo Pardoi. Links führt die ebenfalls tolle Strecke hinauf zum Sellajoch (Passo di Sella).	SS48 / 16
5	50	Canazei	↳	Kurven und Kehren satt.	SS48 / 5
4	45	Pozza	↳	Stark frequentierte Strecke durch das Fassatal nach Canazei.	SS48 / 11
3	34	Welschnofen	↳	Aussichtsreiche Kehrenstrecke über den Karer Pass (Passo di Costalunga) ins Fassatal.	SS241 / 18
2	16	vor Gummer	↳	Berg- und Talstrecke durch den Wald bis Welschnofen (Nova Levante).	– / 6

Traumhafte Kurvenstrecke nach Gummer (San Valentino) mit toller Aussicht über das Eisacktal und die Sarntaler Alpen.

Steinegg (Collepietra)

10

1

• Campitello
Hotel Gran Paradis
Dolomitenstraße 2
I-38031 Campitello
Tel. 0039/0462/75 01 35
Fax 0039/0462/75 01 48
E-Mail info@granparadis.com
Internet www.granparadis.com
€€

• Arabba
Hotel Evaldo
Via Mesdì, 3
I-32020 Arabba (Belluno)
Tel. 0039/0436/79 10 9
Fax 0039/0436/79 35 8
E-Mail info@hotelevaldo.it
www.hotelevaldo.it
€€

ESSEN & TRINKEN
Einkehrmöglichkeiten auf den Passhöhen gibt es genug. Wenig kreative Speisen, dafür trifft man hier viele Gleichgesinnte.

MOTORRADFAHREN
Was gibt es Schöneres als reihenweise Pässe zu naschen, wie schon auf dieser ersten Runde, wo die fahrtechnischen Highlights nur darauf warten, unter die Reifen genommen zu werden?

KARTE
• Motorrad-Reisekarten Alpen/Alps, Maßstab 1:300 000, regenfestes, markierbares Papier als Loseblattsammlung im Ringordner, passt in den Tankrucksack.

• Michelin-Local Karten Italien 354: Trentino-Südtirol, Maßstab 1:200 000

• Touristische Straßenkarte des Touring-Club Italiano (TCI) Italien, Blatt 3: Trentino-Südtirol, Maßstab 1:200 000 (wasserfest).

VERANSTALTUNGEN

• Corvara
Trachtenfest, jedes Jahr Anfang August.
Info: Tourismusverein Corvara Streda Col Alt 36, I-39033 Corvara
Tel. 00 39/04 71/83 61 76
Fax 00 39/04 71/83 65 40
Internet www.altabadia.org

• Kastelruth
Spatzenfest (wenn man es denn wirklich mag), jedes Jahr in der ersten Oktoberwoche.
Info: Tourismusbüro Kastelruth Krausplatz 2
I-39040 Kastelruth (Castelrotto)
Tel. 00 39/04 71/70 63 33
Internet
www.urlaub-kastelruth.com

SEHENSWERT

• Völs am Schlern
Schloss Prösels
Prösels 21
I-39050 Völs am Schlern
Tel. 00 39/04 71/60 10 62
www.schloss-proesels.it

Sechs–Pässe–Tour ab Brixen

TOUREN-CHECK

 4–5 Stunden   🏍 196 Kilometer

🏍 Versprochen: Was hier folgt, ist Kurvenräuberei par excellence. Denn gleich sechs Pässe sorgen auf 196 Kilometern für genialen Motorradspaß erster Klasse. Für die Glanzlichter der Runde, das traumhaft schöne Würzjoch, den wenig befahrenen Passo di Giau und die wilden Serpentinen des Sellajochs, bedarf es jedoch einiger Pässeerfahrung. Also, worauf warten Sie noch, wirklich tolle Schräglagen warten!

Start und Ziel dieser Tour befinden sich diesmal in **Brixen** (seit 1918 im italienischen Sprachraum auch als **Bressanone** bekannt), einem wunderschönen Städtchen, das allerlei Sehenswertes wie das Diözesanmuseum oder das nahe Kloster **Neustift** zu bieten hat. Eben ein heißer Tipp für eventuelle Schlechtwettertage, die in Südtirol und Umgebung aber bekanntlich recht selten sind. Also widmen wir uns lieber den paradiesischen Kurven, die das **Würzjoch** (schon von Tour 1 in umgekehrter Richtung bekannt) zu bieten hat. Nur zu schnell sollte man es nicht angehen lassen, vor allem im oberen Bereich, denn dort türmen sich die wunderschönen **Geislerspitzen**, die

Traumwelt der Dolomiten

alle Blicke auf sich ziehen, während das Asphaltband recht schmal wird und mit einer überraschenden Portion Splitt garniert sein kann. Ab **St. Martin**, schon wieder weit unten

Pause am Passo Falzarego

im **Gadertal**, kommt man dann zügiger voran. Jedenfalls
bis nach **Stern** (**La Villa**), wo man links den Hinweisen Richtung **Passo di Valparola** folgt.

Tour 2

Relikte des Krieges

Am Pass selbst strömt klare, aber auch recht kühle Luft durch die Lüftungsschlitze. Kein Wunder, denn man schwebt in fast 2200 Metern Höhe durch eine karge, lebensfeindlich anmutende Felslandschaft. Rechts der Straße lässt sich ein restauriertes Sperrfort (eine Vertei-

Südtirol

Südtirol, die heute mit besonderen Autonomierechten ausgestattete italienische Provinz mit der Hauptstadt Bozen (Bolzano), dehnt sich auf etwa 7400 Quadratkilometern aus. Im 6. Jahrhundert wurde dieser Landstrich von Bayern aus besiedelt. Anschließend (bis 1363) regierten hier die Grafen von Tirol mit Sitz in Meran. Danach fiel Südtirol durch Erbschaft an die Habsburger Monarchie und verblieb bis 1918 unter der Herrschaft Wiens. Nach dem Ersten Weltkrieg wurde Südtirol als Kriegsbeute Italien zugeteilt, das schon mehrmals zwischen 1848 und 1915 unverhohlene Ansprüche auf diese Region erhoben hatte. Allerdings bekam Italien mit der Einverleibung Südtirols ein erhebliches Nationalitätenproblem. Zunächst versuchte die Administration Mussolinis die Südtirolfrage durch eine zwingende Assimilierung zu lösen. 1939 votierte die Bevölkerung unter dem Druck einer von Hitler und Mussolini ausgehandelten Wahl für eine Umsiedelung nach Deutschland. Allerdings traten nur wenige Südtiroler den Weg »heim ins Reich« an. Ein Abkommen von 1948, in dem der deutschsprachigen Bevölkerung nach dem Zweiten Weltkrieg kulturelle und administrative Autonomie zugestanden wurde, wurde von der italienischen Zentralregierung in Rom nicht wirklich eingehalten. Erhebliche Spannungen zwischen Österreich und Italien waren die Folge, ebenso wie gewalttätige Proteste eines Teils der Südtiroler Bevölkerung. Ab 1969 kam man sich dann aber doch näher, was schließlich 1972 zu einem Autonomiestatut in der italienischen Verfassung führte. Großen Anteil an der Verständigung hatte die Südtiroler Volkspartei (SVP) unter Silvio Magnago. Allerdings wurde auch dessen Umsetzung von italienischer Seite des Öfteren vereitelt, so dass die österreichische Regierung nach Absprache mit der Südtiroler Volkspartei den Konflikt erst 1992 für völkerrechtlich beendet erklären konnte.

Bizarre Bergwelt am Passo di Valporala

digungsanlage) aus dem Ersten Weltkrieg begutachten. Nur ein paar Radumdrehungen weiter ziehen sich rechts unterhalb der Straße unübersehbar alte Schützengräben durchs Gelände. Obwohl das blutige Schlachtgetümmel schon vor fast 90 Jahren sein Ende fand, läuft es einem immer noch kalt den Rücken hinunter, wenn man der sinnlosen Opfer gedenkt. Die Gänsehaut hat sich noch nicht ganz gelegt, da bekommt sie auch schon Nachschub. Denn nach kurzer Abfahrt entdeckt man am **Passo di Falzarego** rechts vorm Gasthaus matt glänzende Artilleriegeschosse, wohl aus dem blutigen Dolomitenkrieg. Auf der anderen Straßenseite glänzt sogar das vielleicht passende Geschütz in der wärmenden Hochgebirgssonne.

Über den sensationellen Passo di Giau

Dann beginnt der Surf hinunter Richtung Cortina. Aber nicht ganz. Denn kurz vorher weist ein Hinweisschild den Weg zum **Passo di Giau**. Eine wirklich flotte Auffahrt durch eine immer noch wunderschöne Dolomitenlandschaft. Und das Beste: All das genießt man ziemlich allein, denn irgendwie scheint dieser Edelpass seinen Ruf noch nicht so verbreitet zu haben. Wenig Busse, kaum Autos, nur ein paar Motorräder mit italienischen Nummernschildern begegnen einem dann und wann. Dafür mutiert alles zum Wahnsinn, denn die panoramareiche Abfahrt von der Passhöhe besteht aus Kurven, Kehren und Serpentinen bis der Kreisel brummt. Ganz klar, dass sich diese Tour (wie alle anderen natürlich auch) schon deshalb in der umgekehrten Variante geradezu anbietet. Probieren Sie es doch einfach mal aus, denn jede Runde erhält damit einen ganz anderen Charakter, bietet völlig neue Perspektiven und überhaupt ...

Fedaia, Fassa, Gröden und der Rest

Und es geht weiter. Denn nach der Abfahrt folgt ein neuer
Höhenrausch über den **Passo di Fedaia**, gleich unterhalb
des **Marmoladagletschers**, bis hinunter ins **Fassatal**.
Aber das war's noch nicht. Noch ein Pass der Extraklasse
steht auf dem Programm. In einem atemberaubenden Ge-
schlängel windet sich das Teerband sogleich hinauf zum
Sellajoch. Wieder ein Panoramaspot übrigens, an dem
man sich kaum sattsehen kann. Genießen Sie es, denn danach kurvt man im Grunde nur noch bergab. Erst durch das
bekannte **Grödner Tal** und dann durch das **Eisacktal** retour
nach **Brixen**, wo eine wirklich erlebnisreiche Runde ihr
Ende findet. *Motorradglück*

INFORMATION

• Brixen

Ferienregion Eisacktal
Großer Graben 26 a
I-39042 Brixen
Tel. 0039/0472/80 22 32
Fax 0039/0472/80 13 15
E-Mail info@eisacktal.info
Internet www.eisacktal.info

• Gadertal

Tourismusverein Corvara
Streda Col Alto 36
I-39033 Corvara
Tel.0039/0471/83 61 76
Fax 0039/0471/83 65 40
E-Mail corvara@altabadia.org
Internet www.altabadia.org

• Abtei

Tourismusverein Abtei
Str. Pedraces, 29/A
I-39036 Abtei
Tel. 0039/0471/83 96 95
Fax 0039/0471/83 95 73
E-Mail badia@altabadia.org

• Fassatal

A.P.T. Val di Fassa
Strèda Roma 36
I-38032 Canazei
Tel. 00 39/04 62/60 95 00
info@fassa.com
www.fassa.com

UNTERKUNFT

• Brixen

Hotel Temlhof
Elvaser Straße 76
I-39042 Brixen (Bressanone)
Tel. 00 39/04 72/83 56 33
Fax 00 39/04 72/83 55 39
E-Mail info@temlhof.com
Internet www.temlhof.com
Schönes Motorrad-Hotel«, wo
man eigentlich immer auf
Gleichgesinnte trifft.
€€

• Campitello

Hotel Gran Paradis
Dolomitenstraße 2
I-38031 Campitello
Tel. 0039/0462/75 01 35
Fax 0039/0462/75 01 48
E-Mail info@granparadis.com
Internet www.granparadis.com
€€

• Canazei

Sporthotel Bellavista
Pordoistraße 12,
I-38032 Canazei/Pecol
Tel. 0039/0462/60 11 65
Fax 0039/0462/ 60 12 47
E-Mail info@bellavistahotel.it
Internet
www.bellavistahotel.it
€€€

ESSEN & TRINKEN

Im Kloster Neustift (s. Sehenswert) gibt es Südtiroler Spezia-
litäten wie Speck, Käse, Ka-
minwurzen, Schüttelbrot und
vieles mehr.

MOTORRADFAHREN

In den Dolomiten besteht ganz
gewiss erhebliche Suchtgefahr
nach Kurven, Kehren, Serpentinen und den passenden
Schräglagen. Allerdings sollte
man den Gasschieber stets mit
Gefühl betätigen. Denn hier
und da kann (vor allem nach
einem Regentag) Splitt schon
mal die Teerdecke zieren.

KARTE

• Motorrad-Reisekarten Al-
pen/Alps, Maßstab 1:300 000,
regenfestes, markierbares Pa-
pier als Loseblattsammlung im
Ringordner, passt in den Tank-
rucksack.
• Michelin-Local Karten
Italien 354: Trentino-Südtirol,
Maßstab 1:200 000
• Touristische Straßenkarte
des Touring-Club Italiano (TCI)
Italien, Blatt 3:
Trentino-Südtirol, Maßstab
1:200 000 (wasserfest).

Roadbook 2 Südtirol, Trentino, Veneto

Nr.	km	Position	Richtung	Information		
					SS12 / 10	
					SS242dir / 19	
					SS48 / 30	
					— / 27	
					SR203 / 5	
					SP251 / 6	
					SP638 / 20	
11	196	**Klausen**	↑	Auf der viel befahrenen Brennerstraße zurück nach Brixen.		
10	186	**St.Ulrich**	←	Aussichtsreiche Kurvenstrecke ins Eisacktal.		
9	167	**Canazei**	↑	3 km auf der SS48, dann links auf die SS 242 zur Traumstrecke über das Sellajoch. Von hier lohnt sich ein Abstecher zum Grödnerjoch.		
8	137	**Caprile**	↑	In Caprile am Linksknick der Hauptstraße in Richtung Rocca Pietore abbiegen und über den Passo di Fedaia nach Canazei fahren.		
7	110	**Rucava**	↓	In Richtung Caprile, weiterhin tolle Kurven.		
6	105	**Selva di Cadore**	↑	Superkurven bergab nach Rucava.		
5	99	**Belvedere oberhalb Cortina**	↑	Über einen der schönsten Dolomitenpässe, den Passo di Giaui.		

Nr.	Ort	km	Straße / km	Beschreibung
4	**Passo di Falzarego**	79	SS548 / 10	Ein lockerer Bergabsurf durch die herrliche Landschaft der Dolomiten nach Cortina d'Ampezzo.
3	**Stern (La Villa)**	69	– / 15	Ein herrliches Kurven- und Kehrenensemble führt weit hinauf zum Passo di Valparola und zum Passo di Falzarego.
2	**St.Martin**	54	SS244 / 12	Schnelle Strecke durchs Gadertal (Val Badia).
1	**Brixen (Bressanone)**	42	– / 42	Über das fantastische Würzjoch (Passo delle Erbe) nach St.Martin (San Martino in Badia).

VERANSTALTUNGEN

• **Corvara**

Trachtenfest, jedes Jahr Anfang August. Info:
Tourismusverein Corvara
Streda Col Alto 36, I-39033 Corvara
Tel. 00 39/04 71/83 61 76
Fax 00 39/04 71/83 65 40
E-Mail corvara@altabadia.org
Internet www.altabadia.org

SEHENSWERT

• **Brixen**

Diözesanmuseum Brixen
Hofburgplatz 2
I-39042 Brixen
Tel. 0039/0472/83 05 05
Fax 0039/0472/20 82 82
E-Mail brixen@dioezesanmuseum.bz.it
Internet www.dioezesanmuseum.bz.it
Krippensammlung, Kunst der Jahrhunderte und mehr.

• **Vahrn (nahe Brixen)**

Kloster Neustift
Stiftstraße 1
I-39040 Vahrn
Tel. 0039/0472/83 61 89
Fax 0039/0472/83 73 05
E-Mail info@kloster-neustift.it
Internet www.kloster-neustift.it
Wunderschöne Basilika, umfangreiche Stiftsbibliothek, gotischer Kreuzgang mit Fresken und Tafelbildern. Führungen finden von April bis Dezember jeweils Montag bis Samstag statt.

In die Ampezzaner Dolomiten

TOUREN-CHECK

🕐 4–5 Stunden   🏍️ 192 Kilometer

🏍️ Diese Traumrunde mit schönen Abstechern lässt jeden Motorradtreiber mit der Zunge schnalzen. Denn neben den Drei Zinnen gibt es noch genügend andere Gipfel, die formschön in den Himmel ragen und diesem Fleckchen Erde alle Ehre machen. Vor allem aber reizen die erstklassigen Dolomitenpässe und auch die kleineren Passstraßen, die ein Schräglagenabenteuer vom Feinsten bieten.

Dieses Mal beginnt alles ein wenig anders als bei den bisher vorgestellten Runden. Denn bevor es so richtig ernst wird, also satte Kurvenkombinationen nach stets sauberen Linien samt akkuraten Schräglagen verlangen, bleibt auf lang gezogenen Geraden erst einmal ausgiebig Zeit zum Warmfahren. Das ist am Ausgangspunkt **Welsberg** (**Monguelfo**) im **Pustertal** so (hier sind die Abstecher zur **Plätzwiese** und zum **Pragser Wildsee** sehr zu empfehlen) und im **Höhensteintal** nicht anders. Aber dann geht's endlich richtig los. Von **Schluderbach** Richtung **Misurina** kommen schon einige Höhenmeter zusammen. Oben

Wunderbare Strecke durch die Dolomitenwelt

angekommen, bietet sich dann ein weiterer Abstecher an: Richtung **Drei Zinnen** (Tre Cime di Lavaredo). Zwar wird man hier dolomitenunüblich um Maut gebeten, aber abhalten lassen sich unzählige Aussichtswillige deswegen noch lange nicht und füllen das sowieso arg gebeutelte Sträßchen noch etwas mehr.

Zwischenstopp am Misurinasee

Wie auch immer, bald erreicht man den **Misurinasee**, in dessen Wasseroberfläche sich bei Windstille die **Drei Zinnen** herrlich spiegeln. Schon deshalb ein wunderschöner Platz für ein ausgiebiges Päuschen, bevor man über den **Passo Tre Croci** hinunter nach **Cortina d'Ampezzo** schwingt. Im immer gut besuchten Olympiaort von 1956 – übrigens schon in der Provinz Veneto gelegen – beginnt dann die Sahnestrecke hinauf zum **Passo di Giau**, teilweise schon aus Tour 2 bekannt. Ab der Passhöhe folgt dann wieder das sensationelle Spitzkehren- und Serpentinenensemble, das man aber nicht oft genug unter die Reifen nehmen kann, und man landet schließlich weit unten in **Caprile**. Dort steht der **Passo di Fedáia** an, welcher zum **Passo di Giau** ein ordentliches Kontrastprogramm bietet. Denn auf breiter Straße zirkelt man nun durch weite Kurven am Fuß der ewig weißen

Marmolada entlang. So gelangt man jedenfalls flott ins Fassatal.

Auf dem Weg zum Passo di Giau

Sellajoch und Grödner Joch

Auf ebenfalls von Tour 2 her bekannter Strecke kurvt man anschließend über das **Sellajoch** Richtung Grödner Tal (Val Gardena), der Heimat Luis Trenkers. Aber kurz bevor man das bekannte Tal tatsächlich erreicht, heißt es rechts blinken. Denn ab der Wintersportstation **Plan de Gralba** geht

es über den nächsten Pass, das **Grödner Joch**, das sich zwischen **Sellamassiv** (bis zu 3154 Meter hoch) und der **Puez-
gruppe** (bis zu 2913 Metern) zwängt und damit einen
wahrlich verschnörkelten Übergang ins **Gadertal** bietet.
Also geht es wie so oft in den Dolomiten: Runterschalten.
Bremsen. Links herum. Dann ordentlich Gas geben. Und
sofort beginnt das Gleiche wieder von vorn. Diesmal mit
Schräglage rechts und so weiter und so fort. Das ist Genuss
pur, der die Herzen aller Biker höher schlagen lässt. Nach
rund acht Kilometern und knapp 400 Höhenmetern bergan
erreicht die Strecke ihren Scheitelpunkt. Verweilen wir
noch ein wenig, genießen einmal mehr einen sensationel-
len Panoramablick, denn von nun an geht's bergab.

*Die berühmten
Drei Zinnen*

Finale durchs Gadertal und über den Furkelsattel

Noch einmal Kurven aller Radien und bis zum Abwinken,
dann ab **Corvara** auf »normaler Straße« bis nach **Zwi-
schenwasser**. Genau das Richtige, um alle Sinne wieder
zusammen zu bekommen, bevor in **St. Vigil** die letzte luftige Höhenpartie ansteht. Aber stopp, noch süchtig nach
prächtiger Dolomitenlandschaft? Wenn ja, dann sollte man
den Abstecher (sehr schmale Straße!) ins **Val di Tamores**
(Rautal) noch mitnehmen, der erst an der bewirtschafte-
ten **Pederühütte** unter mächtigen, schon recht bedrohlich
wirkenden Felswänden seinen Wendepunkt hat. Zurück in
St. Vigil folgt man den Hinweisen Richtung **Furkelsattel**.
Das ist zum Ende dieser Runde eine wahrhaft geniale Strecke mit wenig Verkehr. Nur ist die Straße recht schmal, und
wenn einem doch etwas entgegenkommt, wird's eng. Also
mit Köpfchen fahren und immer mal wieder einen Blick zurück riskieren, denn für heute lässt man die Dolomiten hinter sich.

Tour 3

INFORMATION

• Hochpustertal
Tourismusverband
Hochpustertal
Dolomitenstraße 29
I-39034 Toblach
Tel. 00 39/04 74/91 31 56
Fax 00 39/04 74/91 43 61
E-Mail
info@hochpustertal.info
Internet
www.hochpustertal.info

• Ampezzaner Dolomiten
A.P.T. Cortina
P.tta S. Francesco 8
I-32043 Cortina d'Ampezzo
Tel. 00 39/04 36/32 31
Fax 00 39/04 36/32 35
E-Mail cortina@infodolomiti.it
Internet www.infodolomiti.it

• Fassatal
A.P.T. Val di Fassa
Strèda Roma 36
I-38032 Canazei
Tel. 00 39/04 62/60 95 00
info@fassa.com
www.fassa.com

• Gadertal
Tourismusverein Corvara
Streda Col Alto 36
I-39033 Corvara
Tel.0039/0471/83 61 76
Fax 0039/0471/83 65 40
E-Mail corvara@altabadia.org
Internet www.altabadia.org

UNTERKUNFT

• Welsberg
Hotel Dolomiten
Bahnhofstraße 13
I-39035 Welsberg (Monguelfo)
Tel. 0039/04 74/94 41 46
E-Mail info@bikehotel.com
Internet www.bikehotel.com
€€

• Canazei
Hotel Bellavista
Pordoistraße 12
I-38032 Canazei/Pecol
Tel. 0039/0462/60 11 65
Fax 0039/0462/ 60 12 47
E-Mail info@bellavistahotel.it
Internet
www.bellavistahotel.it
€€€

• Campitello
Hotel Gran Paradis
Dolomitenstraße 2
I-38031 Campitello
Tel. 0039/0462/75 01 35
Fax 0039/0462/75 01 48
E-Mail info@granparadis.com
Internet www.granparadis.com
€€

MOTORRADFAHREN

Auch bei dieser erstklassigen
Tour reihen sich Dolomitenpässe wie Perlen an einer
Schnur und bieten Schräglagen
vom Feinsten.

KARTE

• Motorrad-Reisekarten Al-
pen/Alps, Maßstab 1:300 000,
regenfestes, markierbares Pa-
pier als Loseblattsammlung im
Ringordner, passt in den Tank-
rucksack.
• Michelin-Local Karten
Italien 354: Trentino-Südtirol,
Maßstab 1:200 000
• Touristische Straßenkarte des
Touring-Club Italiano (TCI) Ita-
lien, Blatt 3: Trentino-Südtirol,
Maßstab 1:200 000 (wasserfest).

VERANSTALTUNGEN

• Welsberg
Dorffest Welsberg, eine Mords-
Gaudi, jedes zweite Jahr (wie-
der 2012) am dritten Sonntag
im Juli. Info:
Tourismusverein Gsieser Tal –
Welsberg – Taisten
Pustertaler Straße 16
39035 Welsberg - Taisten
Tel. 00 39/04 74/94 41 18
Fax 00 39/04 74/94 45 99
E-Mail info@welsberg.com
Internet www.welsberg.com

• Fassatal
Gran Festa da d'ista
Zum Ende des Sommers trifft
sich fast alles im Fassatal, was
der ladinischen Sprache mächtig ist. Für andere ist dieses
Event aber trotzdem interessant, wenn die Einheimischen
mit ihren traditionellen Kostü-
men durch die Straßen ziehen.
Infos:
A.P.T. Val di Fassa
Strèda Roma 36
I-38032 Canazei
Tel. 00 39/04 62/60 95 00
info@fassa.com
www.fassa.com

SEHENSWERT

• Bruneck (7 km von Welsberg entfernt)
Volkskundemuseum Dietenheim
(bei Bruneck)
Herzog-Diet-Straße 27
I-39031 Dietenheim
Tel. 0039/0474/55 20 87
Fax 0039/0474/55 17 64
E-Mail
volkskundemuseum@landes-
museum.it
Internet
www.volkskundemuseum.it
Das Museum für Volkskunde
befindet sich in einem alten,
sehr stattlichen und herr-
schaftlichen Hof.

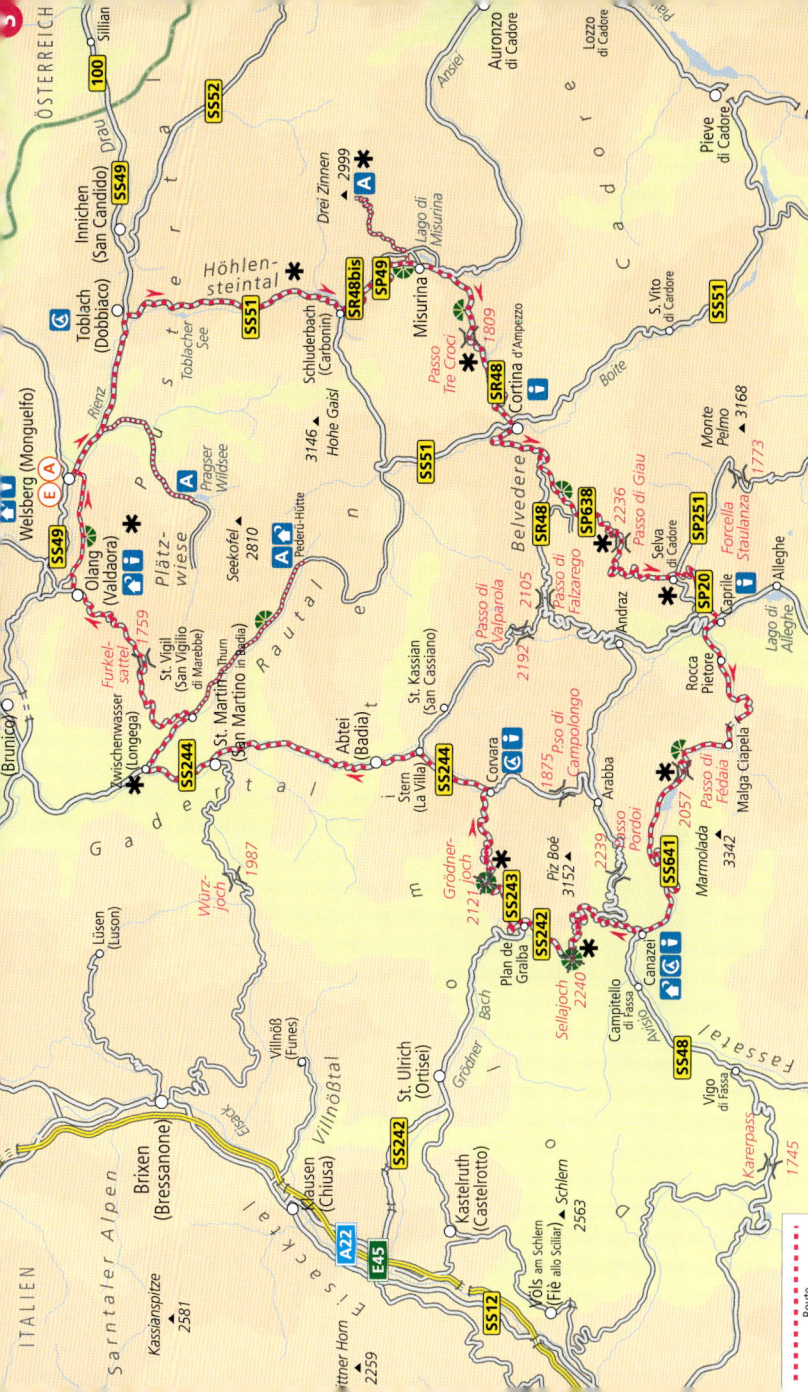

Roadbook 3 Südtirol, Trentino, Veneto

Nr.	km	Position	Richtung	Information		Route
15	192	**Olang**	↴	Ab Olang auf kleiner Straße parallel zur SS49 zurück nach Welsberg.	🅿 ✳ 🧭	– / 9
14	183	**St. Vigil**	↳	Wunderschönes kleines Passsträßchen über den Furkelsattel. Von St. Vigil lohnender Abstecher ins Valle di Tamores (Pederühütte) möglich.	🅰 ✳ 🧭 🏔	– / 19
13	164	**Zwischen-wasser**	↑	Von der SS244 abbiegen nach St. Vigil.	✳	– / 5
12	159	**Corvara**	↴	Durch das schöne Gadertal in Richtung Bruneck.	🅿 🧭	SS244 / 23
11	136	**Plan de Gralba**	↴	Traumsurf über Grödnerjoch.	❄ ✳	SS243 / 15
10	121	**Abzweig hinter Canazei**	↲	Links hoch zur genialen Serpentinenstrecke über das Sellajoch.	❄ ✳	SS242 / 11
9	110	**Canazei**	↴	Tolles Kurvengeschlängel in Richtung Sellajoch.	🅿 ✳ 🧭 🧭	SS48 / 6

Nr.	km	Position	Richtung	Information
8	104	Caprile		Über den Passo di Fedaia nach Canazei.
7	76	Selva di Cadore		In Superkurven bergab nach Caprile.
6	71	Belvedere oberhalb Cortina		Über den Passo di Giau, einem der schönsten Dolomitenpässe, zum Selva di Cadore.
5	50	Cortina		Auf der SR48 bleiben zum Passo di Falzarego.
4	44	Abzweig nach Cortina		Über den Passo Tre Croci mit kurviger Bergabstrecke.
3	32	Schluderbach		Schöne Strecke mit mautpflichtigem Abstecher in Richtung Drei Zinnen (nach 6,5 km) und Pausenplätzchen am Misurina-See.
2	23	Toblach		Schnelle Geradeauspassage durch das schöne Höhlensteintal.
1	10	Welsberg (Monguelfo)		Auf der Staatsstraße nach Toblach. Lohnende Abstecher zu Pragser Wildsee oder Plätzwiese.

Straßen: −/28, SP20/5, SP638/21, SR48/6, SR48/12, SP49/9, SS51/13, SS49/10

Durch die Karnischen Dolomiten

Willkommen bei dieser Zwei-Länder-Runde, die durch Italien und Österreich führt, dabei die Regionen Südtirol, Veneto, Friaul, Kärnten und Osttirol unter die Räder nimmt und so ein Feuerwerk an landschaftlicher Schönheit bereithält.

Feurig geht es auch auf den Pisten der Karnischen Dolomiten zu. Das wenig bekannte Bergmassiv versorgt kurvensüchtige Biker mit der allerbesten Medizin.

Nachdem wir auf der Anreise noch in Österreich das billigere Benzin getankt haben, geht's los in **Innichen** (San Cándido). Zunächst zirkelt man über **Sexten** (Sesto) zum **Kreuzbergpass** (Passo di Monte Croce di Comelico). Hier lohnt ein erster Stopp gleich aus zweierlei Gründen. Erstens bietet sich ein wunderschöner Blick auf die **Drei Zinnen** (Tre Cime di Lavaredo) – wohl das Wahrzeichen der Dolomiten – und zweitens steht hier das wunderbare Hotel Kreuzbergpass, das Motorradfahrer äußerst gern zu seinen Gästen zählt. Was man, wenn man dort logiert, auch im Support rund ums motorisierte Zweirad sofort

Panorama-straße am Plöckenpass

59

Tour 4

*Am rauschen-
den Bach: im
Lesachtal*

spürt. Wer sein Quartier woanders aufgeschlagen hat,
sollte aber wenigstens die ausgezeichnete Küche dort
testen. Und wenn auch nicht gleich, dann hat man ja am

Ende der Tour noch eine zweite Chance, denn vom Start-
platz ist man nicht weit weg und der Magen knurrt dann
bestimmt umso heftiger.

Mal wieder im Cadore

Die nächsten interessanten Stationen heißen **Pádola** (kurz vor **Comelico**), **Santo Stéfano** und **San Pietro**. Und etwas weiter östlich gelegen kommt die Gegend um **Sappada** dem Kurvenbedürfnis entgegen. Denn zähe Autokolonnen, wie anfangs im **Pustertal**, gibt es hier einfach nicht. Toll. Außerdem zirkelt man, wie immer kurvenreich, durch eine Landschaft, die von lieblichen Wiesen, die mit bunten Blütenmeeren überzogen sind, bis hin zu steil in den Himmel ragenden Dolomitentürmen reicht. Dieses Bild ändert sich zunächst auch nicht, wenn man Richtung **Paluzza** ins Friaul eintaucht und sich nicht mehr sicher ist, wo die Dolomiten denn nun wirklich am schönsten sind.

Über den Plöckenpass nach Kärnten

Szenenwechsel. Denn ab **Paluzza** lassen wir das fast verwunschene Traumland (das gibt es wirklich!) hinter uns und steuern zielstrebig den **Plöckenpass** an. Wieder einmal warten herrlichste Kurven, durch die man so richtig gut bergan pfeilen kann. Dann der Stopp am höchsten Punkt mit Grenze, Rundumblick und einem Besuch des Museums vom Ersten Weltkrieg. Leider tobte der auch hier oben, in der berauschend schönen Bergwelt. Weiter geht's, denn in Kärnten macht das Motorradfahren auch ungemein Spaß. So düst man nach **Kötschach-Mauthen** hinunter, holt sich dort am besten einen vollen Tank und biegt dann gleich links in die nächste Idylle ab.

Liebliches Lesachtal

Kötschach-
Mauthen

Die hört auf den Namen **Lesachtal**, quetscht sich zwischen die nördlich gelegenen **Lienzer Dolmiten** und den **Karni-**

schen Kamm im Süden und bietet ebenfalls eine Kurvenräuberei par excellence. Das Sträßchen heißt dabei immer
noch »Karnische Dolomitenstraße« und führt über **Ober-
tilliach** zum **Kartitischen Sattel** (1525 Meter). Die exqui-
site Genusspiste hat allerdings hin und wieder ihre Man-
kos, besser gesagt Kuhfladen, die meist unerwartet unterm
Reifen explodieren. Ganz schön rutschig, das Zeug. Aber
ist ja eigentlich auch egal, denn schon wieder gibt es so
viel zu sehen, dass man sowieso recht langsam unterwegs
ist. So zirkelt man irgendwann hinab ins **Pustertal**, passiert dort bald die Grenze (tanken vorher nicht vergessen!)
und erreicht wieder **Innichen**, wo diese wunderbare Motor-
radtour begonnen hat.

INFORMATION

• Hochpustertal

Tourismusverband Hochpuster-
tal
Dolomitenstraße 29
I-39034 Toblach
Tel. 00 39/04 74/91 31 56
Fax 00 39/04 74/91 43 61
E-Mail
info@hochpustertal.info
Internet
www.hochpustertal.info

• Veneto

A.P.T. Belluno
Piazza Duomo
I-32100 Belluno
Tel. 00 39/04 37/94 00 83
Fax 00 39/04 37/95 87 16
E-Mail
belluno@infodolomiti.it
Internet www.infodolomiti.it

• Kärnten

Naturarena Kärnten
Hauptstraße 14
A-9620 Hermagor

Tel. 00 43/(0)42 82/31 31
Fax 00 43/(0)42 82/31 31 31
E-Mail info@naturarena.com
Internet www.naturarena.com

• Osttirol

Osttirol Werbung
Albin-Egger-Straße 17
A-9900 Lienz
Tel. 00 43/(0)50/21 22 12
Fax 00 43/(0)50/212 21 2
E-Mail info@osttirol.com
Internet www.osttirol.at

UNTERKUNFT

• Welsberg

(15 km westlich vom Startpunkt)
Hotel Dolomiten
Bahnhofstraße 13
I-39035 Welsberg (Monguelfo)
Tel. 0039/04 74/94 41 46
E-Mail info@bikehotel.com
Internet www.bikehotel.com
Die Gästezimmer des Traditi-
onshauses wurden neu gestal-
tet.
€€

• Sexten/Kreuzbergpass

Hotel Kreuzbergpass
I-39030 Sexten (Sesto)
Tel. 00 39/04 74/71 03 28
Fax 00 39/04 74/71 03 83
E-Mail
hotel@kreuzbergpass.com
Internet
www.kreuzbergpass.com
Anspruchsvolles Haus mit Su-
perküche, die der Pustertaler
Tradition treu geblieben ist.
€€€

• Kötschach-Mauthen

Gailtaler Hof
A-9640 Kötschach-Mauthen
Tel. 00 43/(0)47 15/3 18
Fax 00 43/(0)47 15/31 85
E-Mail
office@gailtalerhof.com
Internet:
www.gailtalerhof.com
Schönes Moho-Hotel, geführte
Touren mit der Chefin des Hau-
ses. €€

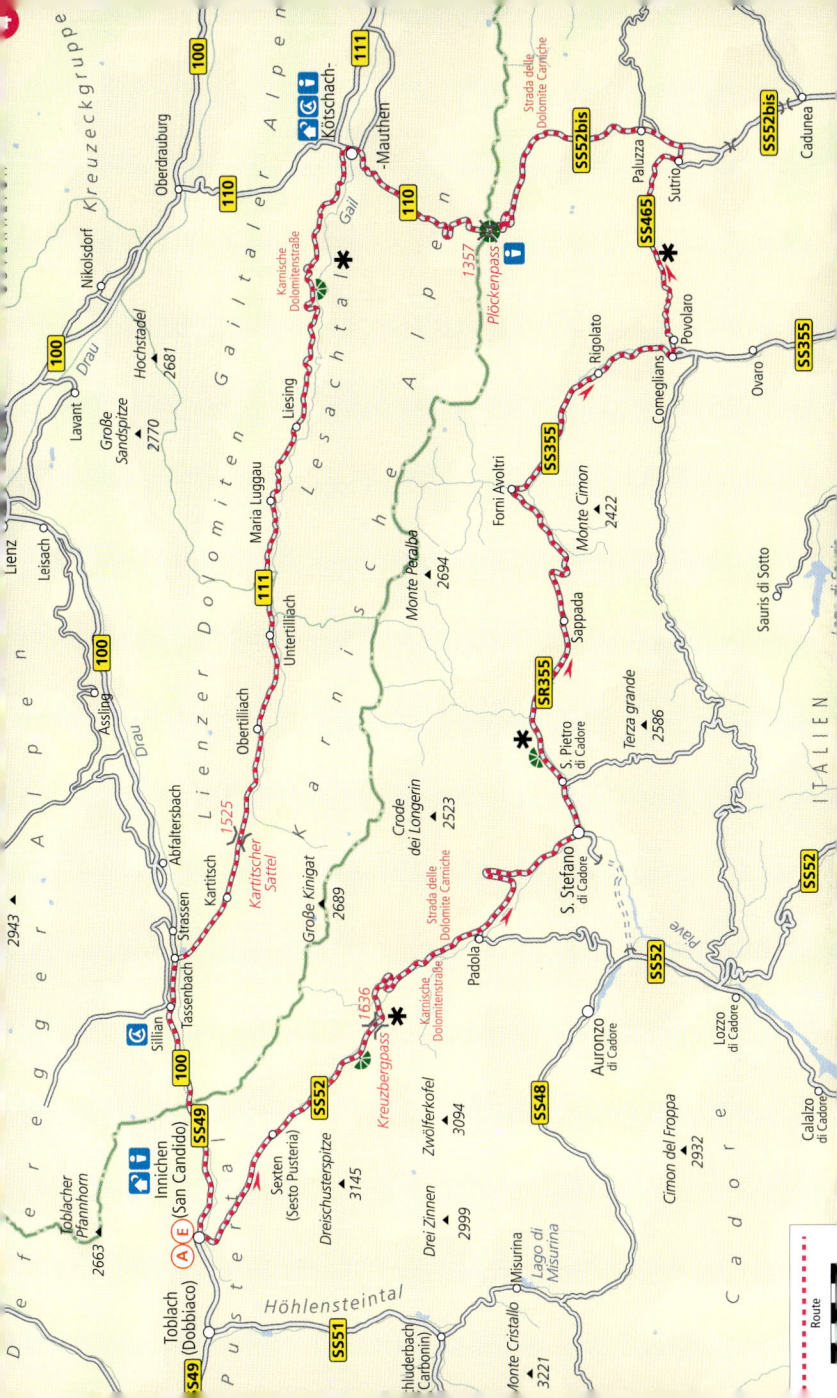

Roadbook 4 Zwischen Süd- und Osttirol

Route: 100/15 — 111/51 — SS52bis/31 — SS465/14 — SS355/33 — SR355/3 — SS52/11

Nr.	km	Position	Richtung	Information
8	183	**Tassenbach**	↓	Durch das Drautal zur italienischen Grenze und retour zum Ausgangspunkt Innichen.
7	168	**Kötschach-Mauthen**	←	Auf der karnischen Dolomitenstraße durch das wunderschöne Lesachtal.
6	117	**hinter Sutrio**	→	Über den Plöckenpass (Passo di Monte Croce Carnico) kurvt man hinüber nach Kärnten.
5	86	**Comeglians**	→	Einsame Strecke durch liebliche Landschaft in Richtung Austria.
4	72	**San Pietro**	←	Wunderschöne Strecke über Sappada.
3	39	**Santo Stefano**	↓	Links in die Via Udine und bis San Pietro fahren.
2	36	**Padola**	↓	Auf der karnischen Dolomitenstraße (Strada delle Dolomite Carniche) nach Santo Stefano.

Herrliche Strecke über den Kreuzbergpass
mit Aussicht auf die Drei Zinnen.

**Innichen
(San Candido)**

25

1

• Lesachtal

Refugium Salitterer
Aue-Bichl-Winkl 57
A-9942 Untertilliach/Osttirol
Tel. 00 43/(0)48 47/6 30 30
Fax 00 43/(0)48 47/63 03 24
E-Mail info@refugium-salitte-
rer.at
Internet www.refugium-salit-
terer.at
Altes, wunderschönes Bauern-
haus, Heubäder möglich.

ESSEN & TRINKEN

Wenn man zwischen Knödel-
und Spaghettiland unterwegs
ist, dann hat man große Aus-
wahl, aber ganz besonders emp-
fehlenswert ist die Küche des
Hotels Kreuzbergpass, I-39030
Sexten/Südtirol, Tel.
00 39/04 74/71 03 28.

MOTORRADFAHREN

Ein längerer Aufenthalt im Pustertal lohnt immer. Denn neben der beschriebenen Route
gibt es noch reichlich mehr zu
entdecken. Gleich nördlich des
Pustertals erheben sich die
Hohen Tauern und die bieten
auch fantastische Tourenmög-
lichkeiten.

KARTE

• Touristische Straßenkarte
des Touring-Club Italiano (TCI)
Italien, Blatt 4: Venetien-Friaul-Julisch Venetien, Maßstab
1:200.000 (wasserfest).

• Michelin-Local Karten
Italien 356: Friaul-Julisch, Venetien; Maßstab 1:200.000

VERANSTALTUNGEN

• Welsberg

Dorffest Welsberg, eine Mords-
Gaudi, jedes zweite Jahr (wie-
der 2012) am dritten Sonntag
im Juli. Info:
Tourismusverein Gsieser Tal –
Welsberg – Taisten
Pustertaler Straße 16
39035 Welsberg - Taisten
Tel. 00 39/04 74/94 41 18
Fax 00 39/04 74/94 45 99
E-Mail info@welsberg.com
Internet www.welsberg.com

• Hochpustertal

Gustav Mahler Kultursommer.
Zum Gedenken an den berühmten böhmischen Komponisten
findet in Toblach jedes Jahr im
Juli die Gustav-Mahler-Musik-
woche statt.
Internet www.gustav-mahler.it

SEHENSWERT

• Kötschach-Mauthen
(Kärnten)

Museum 1915–1918: Hier bekommt man umfassende Informationen zum schrecklichen
Alpenkrieg, die man am besten
mit dem Besuch des Freilicht-
museums am Plöckenpass er-
gänzt.
Museum 1915–1918,
Rathaus Kötschach-Mauthen,
A-9640 Kötschach 390,
Tel. 00 43/(0)47 15/85 13
Internet www.dolomiten-
freunde.at

Rund um die Dolomiti Friulane

TOUREN-CHECK

🕐 5–6 Stunden  234 Kilometer

🏍 Das gebirgige Friaul, gar nicht weit entfernt von Venedig, grenzt im Norden an Österreich und im Osten an Slowenien. Aber das Beste ist, dass diese Region, obwohl reich an landschaftlichen Schönheiten, vom Massentourismus noch wenig berührt wird. Auf dieser wunderschönen Runde darf der Gashahn gerne etwas weiter aufgedreht werden. Die Bergpassagen sind herrlich und mit der gebotenen Vorsicht auch von Alpenneulingen gut zu meistern.

Der Start zu diesem Giro (Rundfahrt) liegt erst einmal im Veneto, in der Stadt **Belluno**, die nicht nur hinsichtlich ihrer Ristorantes und Eiscafés hier unbedingt lobend erwähnt werden muss, sondern zudem äußerst sehenswert ist. Nach ein paar Kilometern auf oft ziemlich voller Straße zweigt man dann zum **Passo di San Osvaldo** ab, der mit seinen gerade mal 827 Metern Seehöhe eigentlich mehr ein Sattel ist. Über **Maniago** und **Meduno** tastet man sich dann an den nächsten Pass heran. Dieser hört auf den blumigen Namen »**Forcella di Monte Rest**« und kommt dem, was man aus diesem Buch schon kennt,

Dolomitenpracht rund um Sappada

69

doch ein wenig näher, wenigstens was die genialen Kurven und die faszinierende Umgebung angeht.

Abstecher ins besondere Valle del Lumiei

Blick auf Belluno

So geht es weiter und wird noch besser, denn das Valle del Lumiei, in dem sich das hübsche Örtchen **Sauris** aus-

streckt, ist wirklich etwas ganz Besonderes. Das mag wohl
daran liegen, dass dieses Tal vor noch gar nicht langer
Zeit von jeglicher Zivilisation weitgehend abgeschnitten
war. Die erste Straße nach **Sauris** wurde erst in den 30er-
Jahren des letzten Jahrhunderts gebaut, und da sie über
den 1425 Meter hohen **Passo di Pura** führte, war sie nur
im Sommer passierbar. Diese Isolierung trug dazu bei,

dass altüberlieferte Traditionen, die zusammen mit der Bevölkerung aus Kärnten gekommen waren, bis in unsere Zeit intakt blieben. **Sauris**, das im dort gesprochenen deutschen Dialekt übrigens Zahre heißt, ist zudem das höchstgelegene Dorf im Friaul und breitet sich auf einer Höhe zwischen 1000 und 1400 Metern aus.

Wunderbar unberührte Natur

An der Grenze zum **Cadore** und zu Österreich, also im nördlichen Zipfel des Friaul, das man auch unter dem Namen **Carnia** kennt, liegt **Forni Avoltri**. Auch ein hübscher Ort, in dem man getrost ein paar Urlaubstage verbringen könnte. Denn hier präsentieren sich die Alpen fast ebenso ursprünglich wie im vorher beschriebenen Valle del Lumiei. Ganz besonders zeigt sich dies anhand der vielfältigen Fauna und Flora. Zu seltenen Orchideen gesellen sich große Teppiche von Rhododendren, und die saftig grünen Wiesen des Tals werden von solch einer üppigen Blumenpracht geschmückt, dass es problemlos für ein eigenes Buch reichen würde. Ebenso präsentiert sich die Tierwelt. Zahlreiche Murmeltiere gibt es, mächtige Hirsche, allerlei Gämsen, Rehe, Füchse, Eichhörnchen und elegant am Himmel kreisende Adler.

Die deutschsprachige Enklave Sappada

Im äußersten Norden der inzwischen wieder erreichten Provinz Veneto, genauer im oberen Piavetal, liegt die ebenfalls deutschsprachige Enklave **Sappada** (1250 Meter), die von den Berggruppen der Terze, des Ferro und des Siera überragt wird. Das Gebiet wurde schon um das Jahr 1000 von Bevölkerungsgruppen aus Tirol besiedelt, und man hat die Erinnerung an seine Ursprünge im Dialekt, in der Bauweise der alten Holzhäuser ebenso wie auf dem Speisezettel und in

Gebirgspanorama von Sappada

volkstümlichen Bräuchen und Traditionen bewahrt. Außerdem entspringt im Sesis-Tal der Fluss Piave, zu Füßen des Monte Peralba, der **Sappada** von Österreich trennt. An dessen Ufer entlang rollt man nun zügig retour ins schöne Belluno.

Was gibt's Schöneres?

Friuli-Venezia Giulia (Friaul-Julisch Venetien)

Die östliche Fortsetzung Venetiens, also die an Österreich und Slowenien grenzende Provinz Friaul-Julisch Venetien, ist landschaftlich mindestens genauso vielseitig wie die anderen Regionen Norditaliens. In den für italienische Verhältnisse regenreichen Karnischen Alpen entspringt beispielsweise der Tagliamento, der an Moränenhügeln entlang, vorbei an karstigen Tiefebenen zur Lagunenlandschaft der Adriaküste fließt, wo sich sein Wasser ins Meer ergießt. Mit dem Plöckenpass und dem Tal von Tarvis besitzt Friaul-Julisch Venetien zudem die niedrigsten Alpenübergänge dieser Gegend. Das hat schon immer, auch zur Römerzeit, für recht viel Verkehr gesorgt. Um sich diese Pässe zu Nutze zu machen, gründeten die Römer im 2. Jh. v. Chr. die Stadt Aquiliae. Diese wurde Hauptstadt der damaligen Provinz »Forum Julii Caesaris«, eine Name der sich im Laufe der Jahrhunderte in den Begriff »Friaul« umwandelte. Einst war die Gegend von weiten, nahezu undurchdringlichen Wäldern überzogen. Doch die Römer und später vor allem die Venezianer holzten alles rücksichtslos für ihre Flotten ab. Die Stadt Triest, ein bedeutendes Industriezentrum an der Adriaküste, stand einst unter habsburgischer Herrschaft und war für Österreich lange Zeit der Weg ans Meer. Erst nach dem Ersten Weltkrieg wurde das eigentlich slowenische Triest im Rahmen der schon erwähnten Kriegsbeute Italien zugeschlagen. Heute ist Triest also die Hauptstadt einer 1919 zusammengeschusterten Region, die sich Friaul-Julisch Venetien nennt und die als vierte Region Norditaliens (in Süditalien ist es nur Sizilien) einen Sonderstatus der Selbstverwaltung besitzt.

INFORMATION

• Veneto

A.P.T. Belluno
Piazza Duomo
I-32100 Belluno
Tel. 00 39/04 37/94 00 83
Fax 00 39/04 37/95 87 16
E-Mail
belluno@infodolomiti.it
Internet www.infodolomiti.it

• Friaul

Fremdenverkehrsamt für
Friaul Julisch-Venetien
(Agenzia Turismo Friuli Venezia
Giulia
Piazza Manin 10
I-33033 Codroipo (UD)
Tel. 00 39/0432/73 41 00
Fax 00 39/0432/81 51 99
E-Mail info@turismo.fvg.it
Internet www.turismofvg.it

UNTERKUNFT

• Calalzo di Cadore

Hotel Ferrovia, Via Stazione 4
I-32042 Calalzo di Cadore
Tel. 0039/0435/50 07 05
Fax 0039/0435/50 03 84
E-Mail: info@hotelferrovia.it
Internet www.hotelferrovia.it
€€

• Belluno

Albergo al Ponte della Vittoria
Via Monte Grappa, 1
I-32100 Belluno
0437 925 270
I-33025 Ovaro
Tel. 00 39/04 37/92 52 70
Internet
www.alpontedellavittoria.it
Schön gelegenes Hotel und
Restaurant mit Blick auf die
Altstadt von Belluno.
€

ESSEN & TRINKEN

Am besten sucht man sich in
der Innenstadt von Belluno
eine Einkehr. Hier ist das Essen
allgemein gut, die Portionen
sind üppig und die Preise dagegen oft recht klein. Und nicht
vergessen: In Belluno und Um-

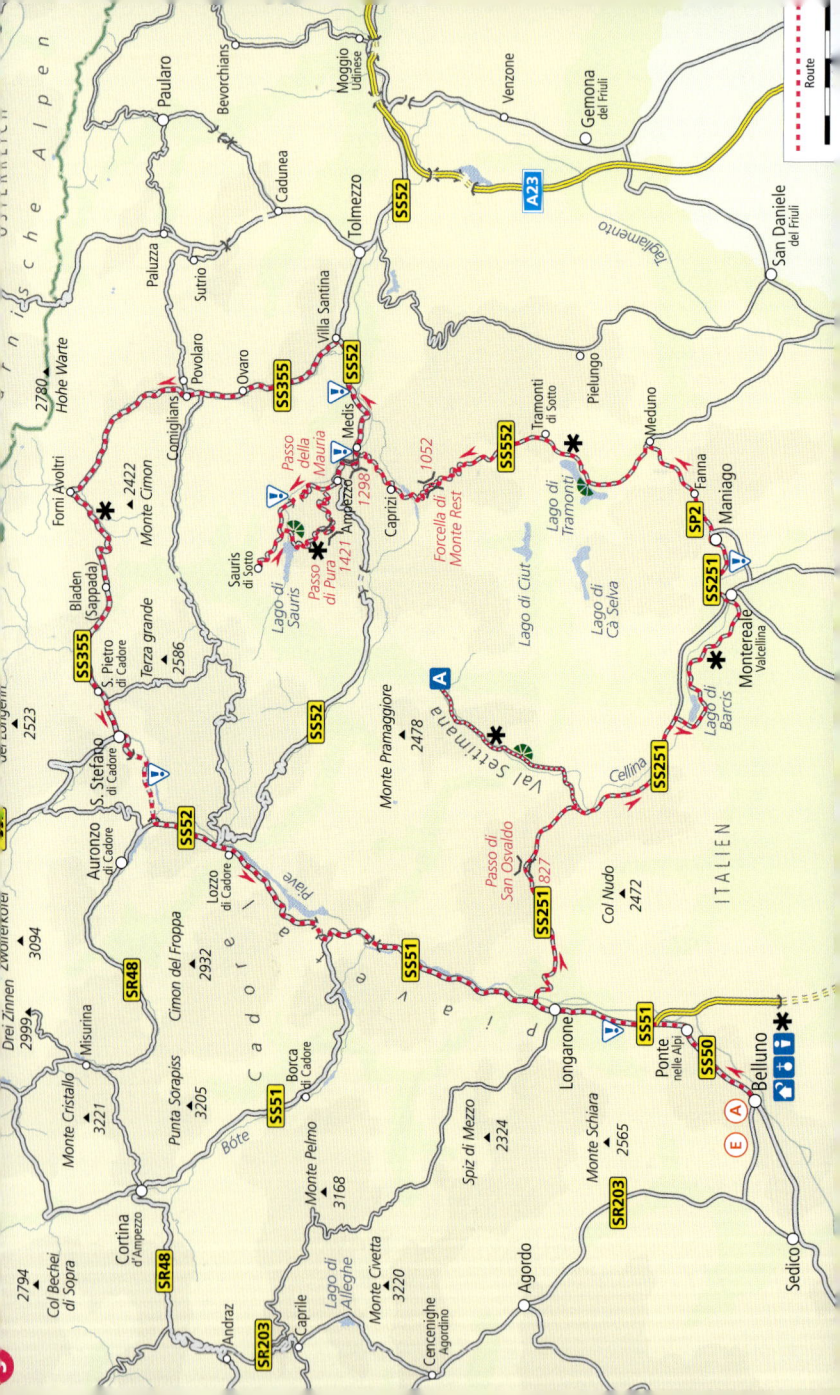

Roadbook 5 Veneto und Friaul

Nr.	km	Position	Richtung	Information		Strecke
16	234	hinterm Tunnel	↳	Durchs Piavetal mit viel Verkehr retour zum Ausgangspunkt Belluno.	✳ ▷▷ ⌂	SS52 / 47
15	187	San Stefano	↳	Langer Tunnel auf der Strecke in Richtung Belluno.	▷▷	SS52 / 7
14	180	Comeglians	←	Einsames Sträßchen durch wunderschöne Landschaft über San Pietro nach Santo Stefano.	✳	SS355 / 34
13	146	Villa Santina	↱	Schnellere Strecke über Ovaro.		SS355 / 12
12	134	Ampezzo	↱	Auf viel befahrener Straße in Richtung Tolmezzo.	▷▷	SS52 / 13
11	121	La Maina	↰	Nach dem Tunnel beginnt die tolle Strecke über den Passo di Pura.	✳ 🍃	– / 8
10	113	Sauris	↱	Ein kurzes Stück auf gleicher Strecke retour.	✳	– / 3

Tour 5

Nr.	km	Position	Richtung	Information	Markierung
9	110	**Ampezzo**		Durch ein wunderschönes Tal mit einigen Tunnelpassagen nach Sauris.	– / 10
8	100	**Medis**		Kurzes Verbindungsstück, viel Verkehr.	SS52 / 3
7	97	**Meduno**		Die wunderschöne Strecke durch die Dolomiti Friulane führt auch über den kehrenreichen Forcella di Monte Rest.	SS552 / 32
6	65	**Maniago**		Langweiliges Verbindungsstück mit viel Verkehr.	– / 8
5	57	**Montereale**		Wieder auf viel befahrener Straße.	SS251 / 7
4	50	**Lago di Barcis**		Wunderschöne Nebenstrecke.	RB06 / 6
3	44	**Longarone**		Über den Passo di San Osvaldo, anschließend Abstecher ins Val Settimana möglich.	SS251 / 27
2	17	**Ponte**		Flottes Teilstück durch das Piavetal, aber viel Verkehr.	SS51 / 9

Das quirlige Belluno in Richtung Ponte verlassen.

Belluno

8

1

gebung gibt es das wahrscheinlich beste Eis der Welt! Alternativ kann man auch den Wirtshäusern in abgelegenen Örtchen wie Sauris, Forni Avoltri oder Sappada einen Besuch abstatten, denn die typischen Touristenmenüs (fantasielos und recht teuer) findet man hier normalerweise nicht.

MOTORRADFAHREN

Wenigstens abseits der Hauptrouten lässt es sich herrlich durch die Kurven schwingen, denn im Friaul ist man ziemlich oft allein auf weiter Flur.

KARTE

• Touristische Straßenkarte des Touring-Club Italiano (TCI) Italien, Blatt 4: Venetien-Friaul-Julisch Venetien, Maßstab 1:200 000 (wasserfest).

• Michelin-Local Karten Italien 356: Friaul-Julisch, Venetien; Maßstab 1:200 000

SEHENSWERT

• **Belluno**
Aus vielen verschiedenen Herrschaftsverhältnissen behielt die Stadt Belluno viel Geschichtsträchtiges, vor allem aus dem Mittelalter, als Venedig Weltmacht war.

• **Venedig**
Bis zur berühmten Lagunenstadt sind es ab Belluno nur etwas mehr als 40 Kilometer. Einen Besichtigungstag könnte man also dort problemlos einplanen.

Über den Karnischen Kamm

TOUREN-CHECK

 4-5 Stunden   🏍 210 Kilometer

🏍 Österreichs Süden und Italiens Norden, getrennt durch den Karnischen Kamm, stellen in dieser Kombination ein spannendes Ziel dar. Vor allem für die, die ihr Glück auf dem Motorrad suchen und hier garantiert auch finden. Im Grunde ist es ganz einfach: Über den Plöckenpass geht es mit viel Schwung in den Süden, dann ein wenig durchs Friaul bummeln und über den steilen Naßfeldpass wieder zurück nach Kärnten.

Kurz hinter **Kötschach-Mauthen**, dem gemütlichen Ausgangspunkt dieser Tour, steht der **Plöckenpass** an, eine gnadenlose Kurvenräuberei. Zunächst aber pirscht man an saftigen Wiesen entlang, die auch hier mit einem üppigen Potpourri bunter Blüten garniert sind und wird von der wunderbaren Natur verzaubert. Das ist auch später nicht anders, wenn man sich durch finstere Wälder tastet. Dabei gewinnt man stets an Höhe und ehe man sich versieht, hat man auch schon den ersten Teer von Bella Italia unter den Reifen. Die folgende Abfahrt ins Land von Pizza e Pasta gestaltet sich recht kurzweilig. Herrlich, diese Kurven,

Straße über den Plöckenpass

Tour 6

Auch interes-
sant: die Strecke
übers Naßfeld

toll diese Schräglagen, und das Städtchen **Paluzza** kommt zügig näher. Dort hält man sich östlich und cruist praktisch parallel zum Karnischen Kamm durch kleine, verträumte

Nester wie **Treppo** oder **Ligosullo** nach **Paulara**. Hier wenden sich die Scheinwerfer wieder Richtung Süden und nach einer herrlich einsamen Kurverei durch eine Idylle namens

Canale d'Incaroio findet man sich auf der oft sehr vollen Strada Statale 52 (bis) wieder, die den Weg nach **Tolmezzo** weist.

Schräglagen am Sella Chianzutan

Allerdings muss man den mehr oder weniger intensiven Kolonnenverkehr nur für ein paar Kilometer hinnehmen, denn kurz nach der recht lebhaften Stadt **Tolmezzo** biegt man wieder in die Einsamkeit des Friaul ab. Schon warten die ersten Schräglagen, und dann zirkelt man über den

Sella Chianzutan, eine Passhöhe, die fast chinesisch klingt. Der Fluss Arzino führt uns schließlich nach **Fogária**. Genießen wir das alles noch ein wenig, denn bald schwingen wir uns zur Flussebene des **Tagliamento** auf, wo wir die Straßen leider nicht mehr für uns alleine haben. Aber betrachten wir diese Etappe nur als Verbindungsstück retour in die Bergwelt des Karnischen Kamms. Und etwas ganz Besonderes gibt es auch hier zu erwähnen:

Kehren am Plöckenpass

Die Schlösser des Friaul

Über antike Treppenaufgänge reizvoller mittelalterlicher Schlösser zu schreiten, ist sicher etwas ganz Besonderes. Vor allem, wenn dabei der jeweilige Schlossherr, Erbe tau-

Gebirgsbach des karnischen Kamms

Wasserfall unterhalb des Naßfeld-Passes

sendjähriger Schätze, zum Führer wird, anschließend seine Gäste noch zum Aperitif und zu Tisch bittet und dabei Anekdoten und Legenden über seine Vorfahren zum

Besten gibt. Solche Erlebnisse (siehe Sehenswert), die
man eigentlich nur in England für möglich hält, gibt es
auch hier im Friaul – einer Region eben, wo viele Spuren

der Vergangenheit erhalten geblieben sind. Denn hier befand sich einst nicht nur die Wiege aller langobardischen Zivilisation, sondern hier lag und liegt ein wichtiger Treffpunkt der romanischen, deutschen und slawischen Kulturen.

Zurück nach Kärnten

Ein Stück weiter kommt man aber schon wieder auf ganz andere Gedanken: Nun heißt es nämlich wieder Kurven räubern und Serpentinen na-

Polenta

Man denkt an Italien und sofort fallen einem Pizza, Nudeln und Polenta ein. Für letztere hier ein einfaches Rezept zum Nachkochen: 2 l Salzwasser zum Kochen bringen, 500 g Maisgrieß langsam unter ständigem Rühren hineinschütten – ohne dass sich Klümpchen bilden. Das Wasser muss dabei immer kochen. Wenn am Anfang die Polenta zu weich erscheint, noch ein wenig Maismehl beigeben. Dann das Ganze 45 Min. unter ständigem Umrühren kochen, bis sich die gare Polenta von den Topfwänden löst. Fertig!

schen. Von hier ab folgt eine wunderbare Berghatz über **Moggio** nach **Pontebba** und anschließend über den **Naß-feld-Pass** retour nach Kärnten, wo sich diese Zauber-runde dann nach etwas mehr als 200 Kilometern wieder schließt.

Schräglagen-reich geht es nach Pontebba.

Tour 6

INFORMATION

• Kärnten

Naturarena Kärnten
Hauptstraße 14
A-9620 Hermagor
Tel. 00 43/(0)42 82/31 31
Fax 00 43/(0)42 82/31 31 31
E-Mail info@naturarena.com
Internet www.naturarena.com

Kärnten Information
Casinoplatz 1
A-9220 Velden
Tel. 00 43/42 74/52 10 00
Fax: 00 43/42 74/521 00 50
E-Mail info@kaernten.at
Internet www.kaernten.at

• Friaul

Fremdenverkehrsamt für Friaul
Julisch-Venetien (Agenzia Tu-
rismo Friuli Venezia Giulia
Piazza Manin 10
I-33033 Codroipo (UD)
Tel. 00 39/0432/73 41 00
Fax 00 39/0432/81 51 99
E-Mail info@turismo.fvg.it
Internet www.turismofvg.it

UNTERKUNFT

• Kötschach-Mauthen

Gailtaler Hof
A-9640 Kötschach-Mauthen
Tel. 00 43/(0)47 15/3 18
Fax 00 43/(0)47 15/31 85
E-Mail
office@gailtalerhof.com
Internet:
www.gailtalerhof.com
Schönes Moho-Hotel, ge-
führte Touren mit der Chefin
des Hauses.
€€

• Tröpolach (Kärnten)

Gasthof Winkler
A-9631 Tröpolach 18
Tel. 0043/4285/3 02, Fax
0043/4285/30 23
E-Mail gailtal@ghwinkler.at
Internet www.ghwinkler.at
Motorradhotel gleich unter-
halb vom Naßfeld-Pass,
wohnen bei Gastwirt und Bio-
bauer.
€

ESSEN & TRINKEN

Kärntens Köche, vor einigen
Jahren noch der Inbegriff lang-
weiliger Steaktoasts oder Wie-
ner Schnitzel, haben sich um-
orientiert. Nun stehen oft wieder landestypische Leckereien
auf den Speisekarten. Wie wäre
es mit Kasnudeln, Kletzennu-
deln, Türkensterz oder Tafel-
spitz? Alles so lecker, dass man
eventuelle Absichten in Sachen
Abnehmen lieber zu Hause
lässt.

MOTORRADFAHREN

Ewig lange Geraden, satte Kur-
venstrecken, super Pässe – was
will man mehr? Außerdem sind
die Straßen im Grenzgebiet zwischen Kärnten und dem Friaul
gut in Schuss.

KARTE

• Touristische Straßenkarte
des Touring-Club Italiano (TCI)
Italien, Blatt 4: Venetien-Friaul-Julisch Venetien, Maßstab
1:200 000 (wasserfest).

• Michelin-Local Karten
Italien 356: Friaul-Julisch, Venetien; Maßstab 1:200 000

VERANSTALTUNGEN

• Kötschach-Mauthen

Kirchweih- und Brauchtumsfe-
ste vom Frühsommer bis in den
Herbst, Info: Tourismusbüro
Kötschach-Mauthen, Rathaus,
A-9640 Kötschach-Mauthen
Tel. 0043/(0)4715/85 16
E-Mail info@koemau.at
Internet www.koemau.at

SEHENSWERT

Die Schlösser des Friaul (Be-
sichtigungen allerdings nur im
Rahmen von organisierten
Gruppenprogrammen ab 20
Personen möglich), Info:
Consorzio per la Salvaguardia
di Castelli Storici del Friuli-Ve-
nezia Giulia
Via dei Castelli 25
I-33050 Strassoldo
Tel. 0039/0431/9 32 17
Fax 0039/0431/9 32 29
E-Mail
info@consorziocastelli.it
Internet
www.consorziocastelli.it

Roadbook 6 **Kärnten und Friaul**

Nr.	km	Position	Richtung	Information		
14	210	**hinter Rattendorf**		Zurück nach Kötschach-Mauthen. Bei Kirchbach bietet sich eine Alternativstrecke über Stang und Weidenburg an.	🄰 🄲	＊
13	189	**Tröpolach**		In Richtung Rattendorf.	🄲	
12	186	**Pontebba**		Über den Naßfeld-Pass (1530 m) zurück nach Kärnten.	＊ ❋	
11	162	**Moggio**		Schöne Nebenstrecke über den Sella di Cereschiatis (1066 m).	＊ 🌿	
10	135	**hinter Carnia**		Weiterhin viel Verkehr.	▷	
9	129	**Gemona**		Am Tagliamento entlang.	＊	
8	115	**San Daniele**		Bis Gemona viel Verkehr.	▷	

Marker labels: 111/21, –/3, –/24, –/27, SS13/6, SS13/14, SS463/15

Nr.	km	Position	Richtung	Information
7	100	Pinzano	↴	Den Flusslauf des Tagliamento überqueren.
6	94	hinter Tolmezzo	↱	Wunderschönes Sträßchen über den Sella Chianzutan (954 m) und Forgaria nach Pinzano.
5	58,5	Tolmezzo	↴	Durch die Innenstadt in Richtung Cavazzo.
4	56	Einmündung auf die SS52	↓	In Richtung Tolmezzo, relativ viel Verkehr.
3	50	Paularo	↱	Man rollt durch das Tal des Torrente Chiarzo.
2	38	Paluzza	↴	Schöne Strecke über den Treppo Carnico (1038 m).
1	29	Kötschach-Mauthen	←	Die Tour startet mit einem Kurventraum über den Plöckenpass in Richtung Tolmezzo.

Südliche
Tauerntäler

TOUREN-CHECK

🕐 7–8 Stunden   🏍 340 Kilometer

🏍 Schroff und bizarr bilden die Hohen Tauern eine trennende Barriere zwischen Nord- und Südeuropa. Erkunden Sie diesen wilden Gebirgsstock doch einfach mal etwas genauer, folgen Sie dem Roadbook und tauchen Sie dabei in die Einsamkeit der oft noch ursprünglichen Täler ab. Hier findet man auf schmalen, oft holprigen Straßen noch das pure Abenteuer. Höhepunkt eines langen Motorradtags ist die kurvenreiche, enge Auffahrt zum Staller Sattel.

Gleich im sehenswerten **Sterzing**, eine Stadt, die recht ungern auch auf ihren italienischen Namen Vipiteno hört, verlässt man das **Eisacktal** und damit synchron den ziemlich hektischen Stress der Moderne. Eine ununterbrochen volle Autobahn und die konsequent radarüberwachte **Brennerstraße** geraten nämlich in Null-Komma-Nichts in Vergessenheit, wenn man auf dem immer schmaler werdenden Teerband durchs wildromantische **Pfitscher Tal** rollt. Dabei geht's vorbei an hübschen Tiroler Höfen und zufrieden grasenden Kühen. Eine Idylle, die man, wie des Öfteren auf dieser Tour, gleich

Berge hoch – Motorrad klein – die mächtigen Tauern schotten Südtirol nach Norden hin ab.

Kloster Neustift, immer einen Abstecher wert

zweimal genießen kann. Denn fast alle Straßen in den Tälern der südlichen Tauern enden irgendwann und man muss auf gleichem Weg retour fahren.

Wer viel Zeit hat – und die sollte man sich für diese einmalige Tour wirklich nehmen – kann ja hier und da noch einen netten Per-Pedes-Abstecher weiter hinauf in die mächtige Gebirgswelt starten. Lohnt auf jeden Fall! Egal, ob man nun per Holperpiste bis Stein fährt und dann weiter bergan Richtung Pfitscher Joch trabt, dabei dem mächtigen Hochfeiler samt Gletscher die Ehre erweist oder eine derartige Wanderung auf später vertagt. Denn lohnende Gelegenheiten, um eingerostete Knochen wieder auf Trab zu bringen, gibt es wahrlich noch genug.

Franzensfeste, Pustertal und Tauerntäler

Zurück in Sterzing beginnt der Turn über die recht gut frequentierte Brennerstaatsstraße in Richtung Brixen. Aber schon gleich nach der mächtig imposanten Franzensfeste kehrt wieder etwas mehr Ruhe auf dem Asphalt ein. Wenn auch nur für einen Moment. Denn schon weist die SS 49 den Weg durchs recht schöne Pustertal, das in etwa die geologische Grenze zwischen Tauern und Dolomiten beschreibt. Auf der Höhe von **Bruneck** folgt dann ein Linksschwenk mit weit reichenden Folgen, werden doch gleich drei Binnentäler hintereinander unter die Räder genom-

Südtirol mal deftig – zum Nachkochen

Speckröllchen mit gemischtem Gemüse
Zutaten für 4 Personen:
8 Scheiben Südtiroler Bauernspeck
30 g Erbsen
40 g Saubohnen
80 g Aubergine
8 Spargelspitzen
60 g Zwergkürbisse (Zucchini)
40 g rote Paprikaschoten
Salz, Pfeffer, Olivenöl
Für die Sauce:
80 g Sahne
1/2 Löffel Essig
etwas Olivenöl, Kräuter
Für die Herstellung der Röllchen breite und lange Speckscheiben um eine Röhrchenform wickeln und diese dann herausziehen. Die enthülsten Erbsen und die Saubohnen abbrühen. In einem Hauch Olivenöl die in Würfel geschnittene Aubergine bei starker Hitze sautieren, nacheinander Erbsen, Saubohnen und ein Gemisch aus in Würfel geschnittenen Spargelspitzen, Zwergkürbissen (Zucchini) und roter Paprikaschote sowie Salz und Pfeffer zufügen.
Die 8 Speckröllchen mit dem kalten Gemüse füllen und mit einer Sauce aus Sahne, Essig, etwas Olivenöl, Salz und fein gehackten, aromatischen Kräutern anmachen.

Tour 7

men. Erst geht's ins **Mühlwalder Tal**, dann ins **Ahrntal** und zuletzt ins **Raintal**. Wobei natürlich jeder Talschluss wieder reichlich Möglichkeiten bietet, um sich ausgiebig Blasen an den »Hax'n« zu holen. Erwähnenswert bei diesem traumhaften wie zeitintensiven Abstecher ist auf jeden Fall die noch heute bewohnte **Burg Taufers**.

Oberhalb von **Sand in Taufers** thront sie auf einer breiten Felsstufe und lädt zur Besichtigung ein.

Bald wird es dunkel – Sonnenuntergang in den südlichen Tauern.

Höhepunkt am Staller Sattel

Ab Bruneck surft man wieder durch das Pustertal. Wer hofft, dass hier irgendwann mal weniger Autos und vor allem Brummis die Piste füllen, wird wohl meistens enttäuscht. Aber bis **Olang** muss man nur ein paar Mal schalten, denn schon dort zweigt das **Antholzer Tal** ab. Und damit beginnt ein zauberhafter Kurventraum in Vollendung, der – nur durch eine radikale Ampelsteuerung gebremst – erst wieder jenseits der 2000-Meter-Marke am Staller Sattel endet. Aber auch nicht muss, denn man kann hier bergab ins österreichische Defreggental kurven und via Lienz und Toblach nach **Welsberg** rollen.

Aber verweilen wir noch einen Moment am Staller Sattel und genießen einen herrlichen Rundumblick. Im Osten reicht die atemberaubende Aussicht weit ins liebliche Ost-

Alljährlicher Blütentraum am Kloster Neustift

tirol hinein, im Westen liegt das ebenso schöne Antholzer Tal zu Füßen und über allem erhebt sich das imposante Massiv der ewig weiß leuchtenden **Riesenfernergruppe**. Vor dieser grandiosen Kulisse kommt man sich ganz schön klein vor.

Spinatspatzn beim Brückenwirt

Motorradfahren macht hungrig, aber dagegen hat Paul Winkler, besser bekannt als Brückenwirt, ein probates Mittel: selbst gemachte Spinatspatzn und andere figurvernichtende Leckereien der äußerst schmackhaften Südtiroler Küche. Aber bevor es ans hemmungslose Schlemmen geht, stehen erst mal die lindwurmgleiche Bergabstrecke vom Staller Sattel, die bestimmt wieder volle Pustertalstraße von Olang nach Welsberg und dann der abschließende Turn ins abgelegene **Gsieser Tal** an. Aber zur Stärkung waren wir ja wenigstens beim Paul und seiner Mehlspeisküche.

Am Staller Sattel kann man die Dolomiten bereits spüren.

INFORMATION

• Sterzing
Tourismusverein Sterzing
Stadtplatz 3
I-39049 Sterzing (Vipiteno)
Tel. 00 39/04 72/76 53 25,
Fax 00 39/04 72/76 54 41,
E-Mail info@sterzing.com,
Internet www.sterzing.com

• Steinhaus
TVB Ferienregion Tauferer
Ahrntal
Ahrner Straße 95
I-39030 Steinhaus (BZ)
Tel. 00 39/04 74/65 20 81,
Fax 00 39/04 74/65 20 82,
E-Mail tauferer@ahrntal.com,
Internet
www.tauferer.ahrntal.com

• Welsberg
Tourismusverein Gsieser Tal –
Welsberg – Taisten
Pustertaler Straße 16
39035 Welsberg - Taisten
Tel. 00 39/04 74/94 41 18
Fax 00 39/04 74/94 45 99
E-Mail info@welsberg.com
Internet www.welsberg.com

UNTERKUNFT

• Brixen
Hotel Temlhof
Elvaser Straße 76
I-39042 Brixen (Bressanone)
Tel. 00 39/04 72/83 56 33
Fax 00 39/04 72/83 55 39
E-Mail info@temlhof.com
Internet www.temlhof.com
Schönes Motorrad-Hotel«, wo
man eigentlich immer auf
Gleichgesinnte trifft.
€€

• Welsberg
Hotel Dolomiten
Bahnhofstraße 13
I-39035 Welsberg (Monguelfo)
Tel. 0039/04 74/94 41 46
E-Mail info@bikehotel.com
Internet www.bikehotel.com
Die Gästezimmer des Traditi-
onshauses wurden neu gestal-
tet.
€€

MOTORRADFAHREN

Ein längerer Aufenthalt im Ei-
sack- oder Pustertal lohnt immer. Denn neben der beschriebenen Route gibt es auch
reichlich kleine Sträßchen und
legale Almwege zu entdecken;
hier lässt man den Trubel der
heutigen Zeit weit hinter sich.
Außerdem sind die Dolomiten
und andere Top-Gebiete nicht
weit entfernt.

KARTE

• Motorrad-Reisekarten Al-
pen/Alps, Maßstab 1:300 000,
regenfestes, markierbares Pa-
pier als Loseblattsammlung im
Ringordner, passt in den Tank-
rucksack.
• Michelin-Local Karten
Italien 354: Trentino-Südtirol,
Maßstab 1:200 000
• Touristische Straßenkarte
des Touring-Club Italiano (TCI)
Italien, Blatt 3:
Trentino-Südtirol, Maßstab
1:200 000 (wasserfest).

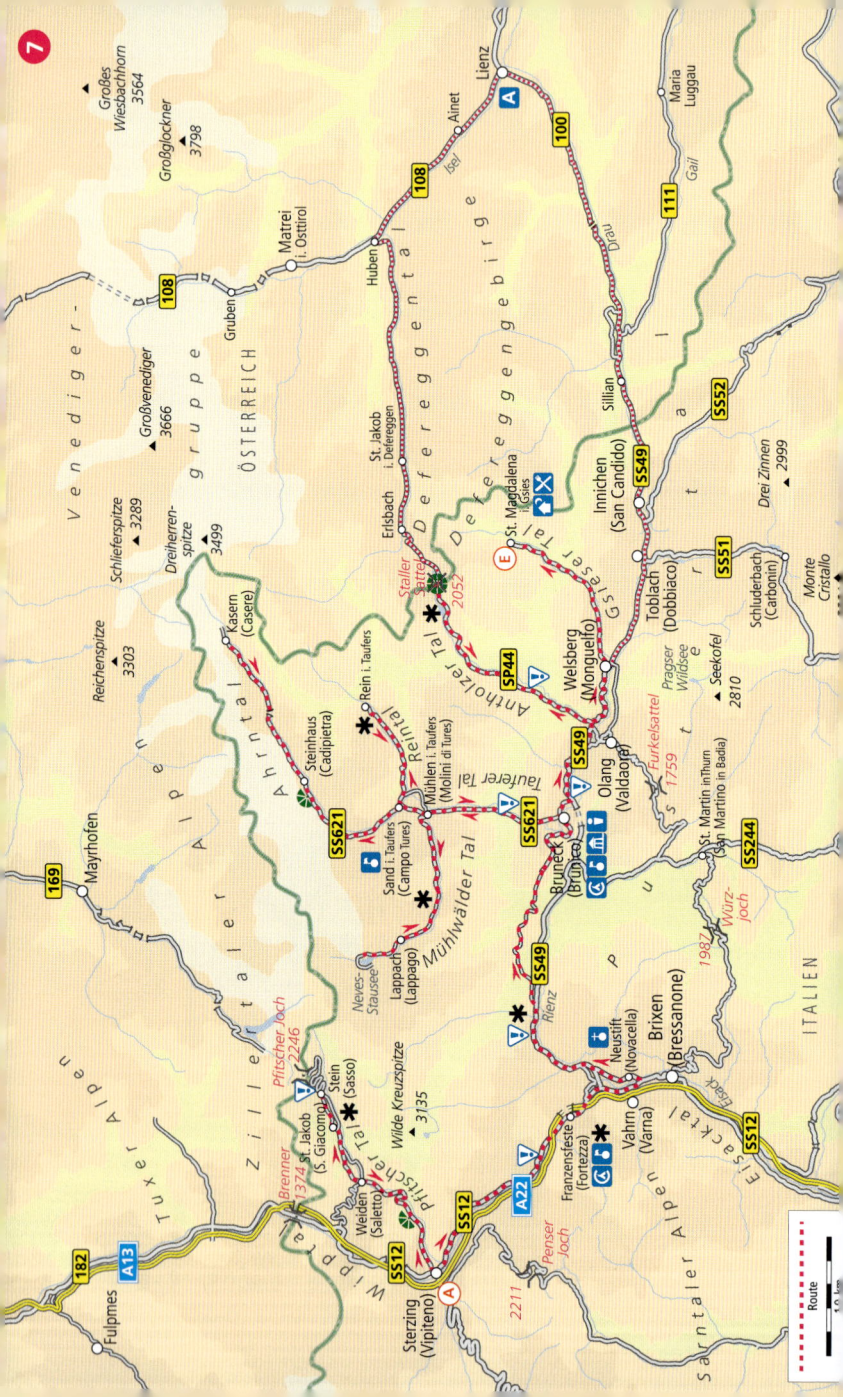

Roadbook 7 Pustertal & Umgebung

Nr.	km	Position	Richtung	Information
20	340	Welsberg		Ins Gsieser Tal. Nach 3,5 km links der »Brücken-wirt«. Die Straße endet auf der Höhe Pidig Alm.
19	321	Olang		Wieder auf der SS49 durch Pustertal.
18	314	Staller Sattel		Ab Staller Sattel (2046 m) Weiterfahrt nach Osttirol möglich. Ansonsten retour.
17	291	Olang		Auf der Umfahrung Olang von der SS49 abfahren. Tolle Strecke zum Staller Sattel, aber Ampel-regelung mit sehr langer Rotphase.
16	268	Auffahrt SS49		Durchs Pustertal bei reichlich Verkehr in Rich-tung Toblach fahren.
15	260	Bruneck		Zur SS49 in Richtung Toblach.
14	258	Sand		Wieder zurück nach Bruneck.

Tour 7

Nr.	km	Position	Richtung	Information		Route
13	243	Rein	→	Auf gleicher Strecke zurück.		– / 11
12	232	Sand		Diesmal in Sand links und bergauf durch das wilde Reintal bis nach Rein in Taufers.	✳ 🅿	– / 11
11	221	Kasern	→	Am Ende des Ahrntals auf der gleichen Strecke zurück nach Sand.	🅿	SS621 / 30
10	191	Sand		Geradeaus auf der SS621 bleiben und durch das tolle Ahrntal bis zum Straßenende in Kasern.		SS621 / 30
9	161	Mühlen		Kurzes Stück auf der SS621 bis Sand in Taufers.		SS621 / 2
8	159	Neves-Stausee		Vom Straßenende am Stausee auf gleicher Strecke retour.	✳	– / 16,5
7	142,5	Mühlen		Durch das Mühlwalder Tal zum Neves-Stausee.		– / 16,5
6	126	Bruneck		Durch das Taufer Tal in Richtung Sand in Taufers fahren. In Bruneck lohnt der Besuch des sehenswerten Volkskundemuseum.	✳ 🕐 🅿	SS621 / 13

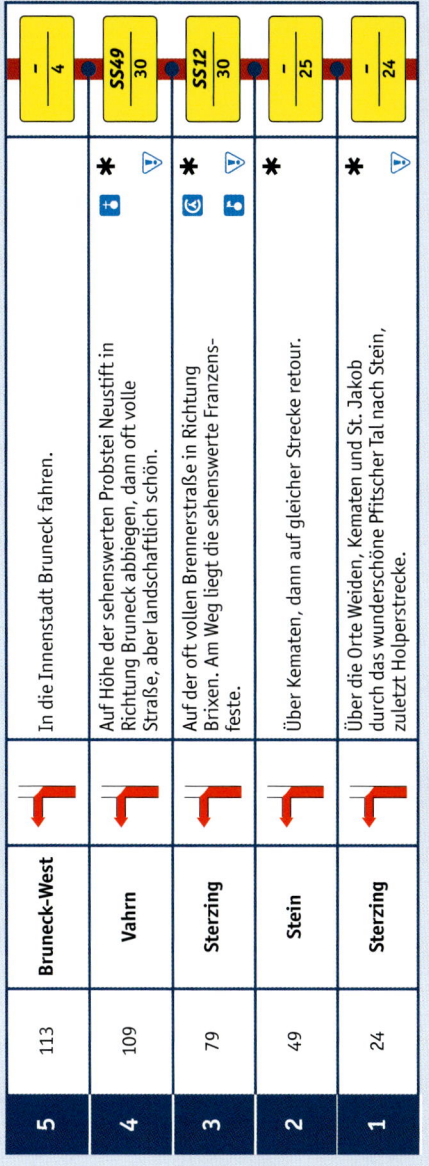

Nr.	km	Ort	Hinweis	Straße / km
5	113	**Bruneck-West**	In die Innenstadt Bruneck fahren.	— / 4
4	109	**Vahrn**	Auf Höhe der sehenswerten Probstei Neustift in Richtung Bruneck abbiegen, dann oft volle Straße, aber landschaftlich schön.	SS49 / 30
3	79	**Sterzing**	Auf der oft vollen Brennerstraße in Richtung Brixen. Am Weg liegt die sehenswerte Franzensfeste.	SS12 / 30
2	49	**Stein**	Über Kematen, dann auf gleicher Strecke retour.	— / 25
1	24	**Sterzing**	Über die Orte Weiden, Kematen und St. Jakob durch das wunderschöne Pfitscher Tal nach Stein, zuletzt Holperstrecke.	— / 24

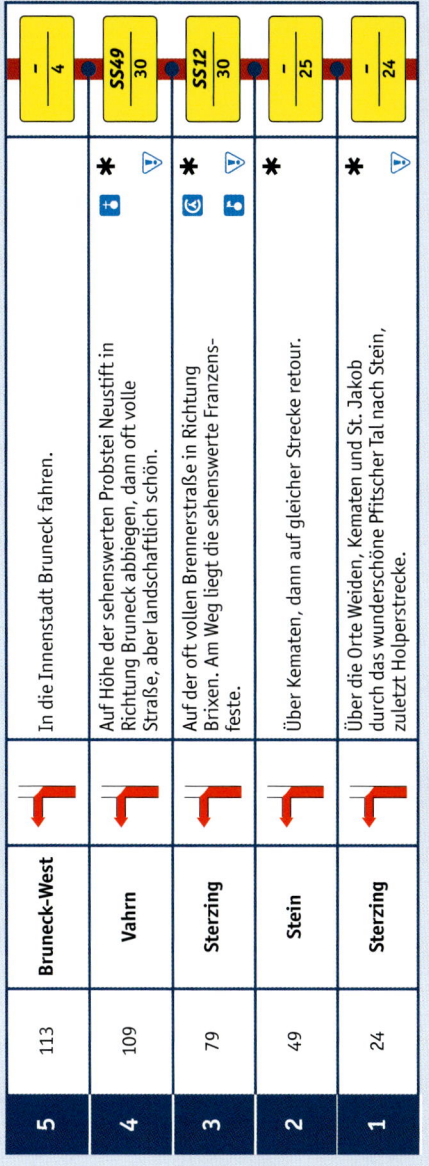

VERANSTALTUNGEN

- **Welsberg**

Dorffest Welsberg, eine Mords-Gaudi, jedes zweite Jahr (wieder 2012) am dritten Sonntag im Juli. Info:
Tourismusverein Gsieser Tal – Welsberg – Taisten
Pustertaler Straße 16
39035 Welsberg - Taisten
Tel. 00 39/04 74/94 41 18
Fax 00 39/04 74/94 45 99
E-Mail info@welsberg.com
Internet www.welsberg.com

SEHENSWERT

- **Brixen**

Diözesanmuseum Brixen
Hofburgplatz 2
I-39042 Brixen
Tel. 0039/0472/83 05 05
Fax 0039/0472/20 82 82
E-Mail brixen@dioezesanmuseum.bz.it
Internet www.dioezesanmuseum.bz.it
Krippensammlung, Kunst der Jahrhunderte und mehr.

- **Bruneck**

Volkskundemuseum Dietenheim (bei Bruneck)
Herzog-Diet-Straße 27
I-39031 Dietenheim
Tel. 0039/0474/55 20 87
Fax 0039/0474/55 17 64
E-Mail volkskundemuseum@landesmuseum.it
Internet www.volkskundemuseum.it
Das Museum für Volkskunde befindet sich in einem alten, sehr stattlichen und herrschaftlichen Hof.

Pass-Spiele

TOUREN-CHECK

🕐 4–5 Stunden   🏍 241 Kilometer

🏍 Gleich fünfmal geht es bei dieser traumhaften Runde rauf und runter. Nach der Höhe von Hafling warten das Timmelsjoch, dann der Jaufenpass, danach das Penser Joch und zum Schluss die Höhenstraße über Klobenstein retour nach Bozen. Diese Kombination zählt zu den Traumstrecken engagierter Sportpiloten, aber auch entspannte Tourenfahrer kommen hier – nicht nur landschaftlich – voll auf ihre Kosten.

Sparen Sie sich also demnächst lieber die Eintrittskarten für die Achterbahn – nehmen Sie doch lieber die hier vorgestellte Runde unter die Pneus. Ist viel besser, versprochen. Dennoch sollte man vor der fast ausufernden Schräglagenorgie ein wenig Zeit für Bozen einplanen. Südtirols quirlige Metropole hat nämlich noch ein wenig mehr zu bieten, als allzeit nur verstopfte Straßen, stickige Luft und sommerliche Rekordtemperaturen. Wie wär's also mit einem gemütlichen Bummel durch die wunderschöne Altstadt, wo man beispielsweise in der Laubengasse Handel und Wandel, wie seit Jahrhunderten geübt, erleben

Unterwegs auf der Höhe nahe Jenesien, nur ein paar Schaltvorgänge hinter Bozen

Tour 8

Rechte Seite: Höhenstraße zwischen Jenesien und Hafling, im Hintergrund der Mendelkamm

Touristischer Wallfahrtsort: das berühmte Kirchlein bei Hafling und dahinter die mächtige Texelgruppe

kann. Oder man stattet dem »Ötzi« einen musealen Besuch ab. Und – es gäbe noch so viel mehr, aber irgendwann muss man den Motor ja doch mal starten.

Höhenflug über Hafling nach Meran

Bozen liegt also im Talkessel gefangen, auf nur rund 270 m über dem Meeresspiegel. Hafling dagegen kratzt locker an der schon recht luftigen 1300-Meter-Marke. Satte 1000 Höhenmeter stehen also schon dort an, wo man es möglicherweise gar nicht vermutet hätte. Außerdem stellt die teils verwegen gebaute Straße, die manchmal eher als Fahrweg durchgeht, ein besonderes Zuckerl dar: klein, fein, aussichtsreich. Motorradfahrerherz, was willst Du

mehr? Und dann geht es bergab. Das Teerband schlängelt und windet sich am Steilhang entlang Richtung Meran, das immer etwas näher rückt. Hauptsache der unvorstellbare Blick aus dieser genialen Vogelperspektive mündet nicht in einem fatalen Irrtum. Denn Sie haben garantiert keinen Hebel für die Landeklappen und auch keinen für die Schubumkehr. Also, vergessen Sie bitte nicht, mit welchem Gefährt Sie den Höhenflug über Hafling nach Meran unternehmen!

Märchenkaiserin Sissi

Meran, zeitweise Wahlheimat der österreichischen Kaiserin Elisabeth, genannt Sissi, präsentiert sich heutzutage als Mekka für Graue Panther, die hier urlauberderweise ihre Rente verprassen. Und nicht nur das, denn die ganze

Special

Andreas Hofer: Der am 22. November 1767 in St. Leonhard/Österreich geborene Tiroler Freiheitskämpfer übernahm die Führung im Tiroler Freiheitskampf gegen die bayerische Herrschaft, als Tirol im Frieden von Preßburg (1805) Bayern, einem Verbündeten Frankreichs, zugesprochen wurde. Er stellte ein Volksaufgebot zusammen und besiegte im Mai 1809 am Berg Isel die bayerische Armee. Ungeachtet der Garantien, die Kaiser Franz II. Hofer gegeben hatte, wurde Tirol im Waffenstillstand von Znaim dennoch Frankreich überlassen. In der Folge marschierte eine Armee von 40 000 Mann (Franzosen und Bayern) in Tirol ein, die aber wieder am Berg Isel bei Innsbruck geschlagen wurde. Hofer wurde danach Regent von Tirol. Im Oktober 1809 wurde im Vertrag von Schönbrunn Tirol wieder Bayern zugesprochen und anschließend erneut von französischen Truppen besetzt. Hofer und seine Untergebenen setzten den erbitterten Widerstand zwar fort, wurden aber diesmal vernichtend geschlagen. Andreas Hofer wurde verhaftet, vor ein Kriegsgericht gestellt und am 20. Februar 1810 in Mantua (Italien) hingerichtet.

Stadt ist voller Touristen. Logische Konsequenz: Hier
gibt's Stop-and-Go vom Zebrastreifen bis zur nächsten
Ampel, oder umgekehrt. Da bleibt genug Zeit, um sich in
Ruhe zu überlegen, ob man nicht lieber gleich einen rich-
tigen Zwischenstopp einlegt. Denn zu sehen gäbe es genug, wie die landesfürstliche Burg, alte Stadttore, eine
gotische Pfarrkirche aus dem 14. und eine aus dem
15. Jahrhundert, die Kurpromenaden entlang der wilden
Passer und, und, und ...

*Reet, oder
besser gesagt
Stroh auf dem
Dach, war frü-
her in Südtirol
die Regel, heute
ist dies aber
eine fast verges-
sene Ausnahme.*

Timmelsjoch, Jaufenpass und Penser Joch

Ob man sich mit Meran nun doch länger beschäftigt oder
der Kurmetropole seine Aufwartung eher im »Ruck-Zuck-

Verfahren« macht, ist nicht entscheidend, denn früher oder später landet man doch in St. Leonhard im Passeier. Und da steht der nächste Megaspaß an, und danach, damit man erst gar nicht aus der Übung kommt, der übernächste. Aber der Reihe nach.

Zunächst holt man sich einen zünftigen Drehwurm beim Bergansurf hinauf zum 2491 m hohen Timmelsjoch. Hier

Marterl am Straßenrand bei Hafling

wäre übrigens die mautpflichtige(!) Weiterfahrt nach Österreich möglich. Aber wir bleiben in Südtirol, das noch vieles zu bieten hat, und das ohne, dass man ständig das Portemonnaie zücken muss. Anstatt also der kecken Wegelagerei Vorschub zu leisten, kehrt man wieder um, düst retour ins Tal und startet dort den nächsten Trip. Diesmal geht's zum Jaufenpass, auch auf rund 2000 m Höhe gelegen. Unheimlich stark, wie auch etwas später das wunderschöne Penser Joch, das es noch auf ein paar Höhenmeter mehr bringt.

Krönender Abschluss

Anschließend kurvt man an der Talfer entlang durchs **Penser Tal**, das nahtlos ins **Sarntal** übergeht. Aller Spaß schon zu Ende? Keineswegs, denn es wartet noch der krönende Abschluss. Ganz wie zu Anfang ist es ein kleines Sträßchen, das aussichtsreich über **Oberinn**, **Kematen** und **Klobenstein** retour ins quirlige Bozen führt.

Traumhafte Höhenstraße zwischen Jenesien und Hafling

Tour 8

INFORMATION

• Bozen

Verkehrsamt Bozen
Waltherplatz 8
I-39100 Bozen (Bolzano)
Tel. 00 39/04 71/30 70 00
Fax 00 39/04 71/98 01 28,
E-Mail info@bolzano-bozen.it,
Internet
www.bolzano-bozen.it

• Sankt Leonhard

Tourismusverein St. Leonhard
im Passeier
(S. Leonardo in Passiria)
Passeirer Straße 40
I-39015 St. Leonhard/Passeier
(S. Leonardo in Passiria)
Tel. 00 39/04 73/65 61 88,
Fax 00 39/04 73/65 66 24,
E-Mail info@passeiertal.it
Internet www.passeiertal.it

• Sterzing

Tourismusverein Sterzing
Stadtplatz 3
I-39049 Sterzing (Vipiteno)
Tel. 00 39/04 72/76 53 25,
Fax 00 39/04 72/76 54 41,
E-Mail info@sterzing.com,
Internet www.sterzing.com

• Sarntal

Tourismusverein Sarntal
Europastraße 15
I-39058 Sarnthein (Sarentino)
Tel. 0039/0471/62 30 91,
Fax 0039/0471/62 23 50,
E-Mail info@sarntal.com,
Internet www.sarntal.com

UNTERKUNFT

• Schenna bei Meran

Gröberhof
Verdinserstraße 40
I-39017 Schenna
Tel.+Fax 00 39/04 73/94 58 58
E-Mail groeberhof@dnet.it
Internet www.groeberhof.com
Schöne Frühstückspension mit
Aussicht über das Etschtal.
€

ESSEN & TRINKEN

• Meran

Ristorante Töllerkeller
Alte Landstraße 36
I-39022 Algund bei Meran
Tel. 00 39/04 73/44 85 87
Sympathisches Restaurant, in
dem man stets frische Speziali-
täten aus der Tiroler und der
feinen italienischen Küche serviert. Am Nachmittag gibt's
auch Kaffee und Kuchen.

Roadbook 8 Paseier & Sarntal

Nr.	km	Position	Richtung	Information	Symbole	Strecke
10	241	Klobenstein		Zurück nach Bozen. In der Nähe von Ritten kann man die berühmten Erdpyramiden bestaunen.		– / 16
9	225	Abzweig nach Klobenstein		Kleines, sehr feines Kurvenensemble über Wangen und Oberinn nach Klobenstein.	*	SP135 / 15
8	210	Abzweig nach Sarntheim		Auf Höhe Brennerautobahn rechts abbiegen, es folgen das tolle Penser Joch und das Sarntal.		SS508 / 52
7	158	Sankt Leonhard		Super-Kurvenspaß über den Jaufenpass bis kurz vor Sterzing.	*	SS44 / 36
6	122	Timmelsjoch		Auf gleicher Strecke retour, geradeaus mautpflichtiger Abstecher nach Österreich möglich.	*	SS44bis / 29,5
5	92,5	Sankt Leonhard		Links halten in Richtung Timmelsjoch, Superkurvenstrecke bis hinauf auf 2474 Meter.	*	SS44bis / 29,5
4	63	Meran		Hübsche Stadt mit sehr sehenswerter Umgebung.	*	SS44 / 19

SP98 11	**SP99** 24	**SS508** 9
✳ ❀	❀	✳ 🕐
🚹➡		🚹➡ ▷▷
Rechts Abstecher zur Kapelle Hafling mit Traumaussicht auf Texelgruppe möglich.	Wunderschöne Höhenstrecke über Flaas, Mölten und Vöran nach Hafling.	Schwieriges Herausgewusel aus der sehenswerten Bozener Innenstadt.
⬐	⊢	⬏
Hafling	**Jenesien**	**Bozen**
44	33	9
3	2	1

• St. Martin in Passeier

Bucherkeller
Kellerlahn 4
I-39015 St. Martin in Passeier
Tel. 00 39/04 73/65 00 15
Törggelekeller mit Brettl Marenden, hausgemachtem Speck, selbst angebautem Wein und leckeren Nudelgerichten im Pfandl serviert.

MOTORRADFAHREN

Klar, Jaufenpass oder Penser Joch sind gut bekannt. Genügend Zweiradfans sausen hier entlang, wenn sie Südtirol einen Besuch abstatten. Aber das ist nicht alles, was das Gebiet so interessant macht. Viele kleine Straßen führen nämlich hier und da als Stichwege oder gar als Runden über die Höhen von Etsch-, Sarn- und Eisacktal, wofür diese tolle Runde immer wieder erstklassige Beispiele liefert.

KARTE

• Michelin-Local Karten
Italien 354: Trentino-Südtirol,
Maßstab 1:200 000

• Touristische Straßenkarte des Touring-Club Italiano (TCI) Italien, Blatt 3: Trentino-Südtirol, Maßstab 1:200 000 (wasserfest).

VERANSTALTUNGEN

• Bozen

Gastronomische Woche »Altbozner Kost«, jedes Jahr Anfang Mai.
Info: Verkehrsamt Bozen
Waltherplatz 8
I-39100 Bozen (Bolzano)

Tel. 00 39/04 71/30 70 00,
Fax 00 39/04 71/98 01 28,
E-Mail info@bolzano-bozen.it
Internet
www.bolzano-bozen.it

• Meran

Internationales Pferderennen »Großer Preis von Meran«, jedes Jahr Ende September.
Info: Kurverwaltung Meran
Freiheitsstraße 45
I-39012 Meran (Merano)
Tel. 00 39/04 73/27 20 00
Fax 00 39/04 73/23 55 24
E-Mail info@meraninfo.eu
Internet www.meraninfo.it

SEHENSWERT

• Bozen

Museion –
Museum für moderne Kunst
Dantestraße 1
I-39100 Bozen
Tel. 00 39/04 71/22 34 13
Fax 00 39/04 71/22 33 12
E-Mail info@museion.it,
Internet www.museion.it
Museum für moderne und zeitgenössische Kunst.

Südtiroler Archäologiemuseum
Museumstraße 43
I-39100 Bozen
Tel. 00 39/04 71/32 01 00
Fax 00 39/04 71/32 01 22
E-Mail museum@iceman.it,
Internet
www.archaeologiemuseum.it
oder www.iceman.it
Hier findet man den »Mann aus dem Eis« (Ötzi). Außerdem werden die Stein-, Kupfer-, Bronze-, Eisen- und die Römerzeit bis zu Karl dem Großen (800 n. Chr.) in einem anspruchsvollen Parcours durch 15 000 Jahre Geschichte präsentiert.

Leckeres Obst und weiße Riesen

TOUREN-CHECK

 5–6 Stunden   236 Kilometer

Eingebettet zwischen Ötztaler Alpen und Texelgruppe im Norden und dem Ortlermassiv im Süden erstreckt sich zwischen Meran und dem Reschenpass lang gezogen der Vinschgau – ein herrliches Fleckchen Erde, das es hier zu erkunden gibt. Abenteuerlustige Biker entdecken in den ursprünglichen Seitentäler erstklassige Motorradpisten, die viel Fahrspaß, Abwechslung und tolle Ausblicke bieten.

Am besten fährt man gleich früh im Jahr ins sonnenverwöhnte Vinschgau. Denn wenn in den Nordalpen Skiabfahrten noch bis ins Tal hinunter möglich sind, erstrahlen hier schon plantagenweise allerlei Obstbäume in einer üppigen Flut von weißen oder zartrosa Blüten. Die Böden darunter versinken derweil im Gelb des in großflächigen Rabatten blühenden Löwenzahns. All das bildet einen geradezu grandiosen Kontrast zu den umliegenden, dann noch mit reichlich Schnee bedeckten Gipfeln, die wie Riesen schützend ihre Hände über das paradiesische Tal auszubreiten scheinen.

Auch Partschins liegt eingebettet zwischen Apfelblüten und dem ewigen Schnee der Texelgruppe.

119

Tour 9

An der für Nordlichter bestens bekannten Einflugschneise am Reschenpass, wo diese Tour auch startet, lässt sich oben beschriebenes Potpourri aus frischen Farben allerdings nicht sogleich genießen. Denn man liegt mit 1500 Höhenmetern einfach noch zu hoch.

Dafür gilt es, eine halb versunkene Kirche im **Reschensee** zu bestaunen oder einen Cappuccino im bekanntesten Motorradpensionat der Gegend zu schlürfen. Und eines ist geradezu garantiert: Beim Wallnöfer in **Reschen** trifft man immer Gleichgesinnte.

»Hochalpin«

Das **Langtauferer Tal** ermöglicht einen abenteuerlichen Trip bis unter die Weißseespitze. Alles wirkt karg und zudem auch recht unwirtlich. Steile, fast senkrecht in den Himmel ragende Berghänge – nur in etwas höheren Lagen schon gänzlich baumfrei – bestimmen das Bild, das man so später im **Matscher-** und auch im **Martelltal** noch mal er-

Special

Der 1944 in Brixen geborene Reinhold Messner begann bereits früh mit dem Bergsteigen in den Dolomiten. In den 1960er-Jahren wagte er eine ganze Reihe von Erstbegehungen, beispielsweise durch die Ortler-Nordwand, die Civetta-Nordwestwand oder auf den Eiger-Nordpfeiler. 1970 unternahm er seine erste Himalaya-Expedition gemeinsam mit seinem jüngeren Bruder Günther, der beim Abstieg vom Nanga Parbat ums Leben kam.

1971 hängte Messner seinen Beruf als Mathematiklehrer an den Nagel und wurde professioneller Bergsteiger. 1978 sorgte er dann für richtige Schlagzeilen, als er zusammen mit Peter Habeler erstmals den Mount Everest ohne Sauerstoffgerät bezwang. Es folgten Alleinbesteigungen des Nanga Parbat und des Mount Everest, wiederum ohne Sauerstoffmaske. Danach »sammelte« er Achttausender, bis er im Oktober 1986 mit der Besteigung des Lhotse in Nepal als einziger Mensch alle 14 Achttausender bezwungen hatte. Aber auch danach wurde die Öffentlichkeit immer wieder auf Reinhold Messner aufmerksam, denn er durchquerte mit Arved Fuchs in 92 Tagen zu Fuß die Antarktis und zuletzt hörte man in Sachen Yeti von ihm.

lebt. Da ist es jeweils ebenso interessant wie schroff, und man kommt sich auf seinem Motorrad ganz schön winzig vor. Ganz anders dagegen präsentiert sich die Strecke zwischen **Mals** und **Schlanders**, wo man aussichtsreich durch die steile Südflanke des Tals surft.

Endlich treten die Felsarrangements der Ötztaler Alpen oder des Ortlermassivs ein wenig in den Hintergrund. Denn weil es hier fast das ganze Jahre über viel Sonne gibt, gedeiht eine beinahe mediterrane Vegetation, wie man sie sonst so erst wieder etliche Kilometer weiter südlich vorfindet.

Schnalstal und wildromantisches Pfossental

Wie ein Adlerhorst thront Katharinaberg hoch über dem Schnalstal.

Nahe **Naturns**, gleich unterhalb der **Burg Juval**, wo Bergfex Reinhold Messner sein angemessenes Zuhause hat, startet der interessante Kurztrip ins Schnalstal. Auf einer

Wochenmarkt

den steilen Felswänden abgerungenen Straße rollt man nochmals retour in hochalpine Regionen. Am abrupten Talende lockt die Gletscherbahn ganzjährig Skifahrer. Hier drehen wir um. Auf halbem Weg zurück, gleich unterhalb des abenteuerlich wie ein Adlerhorst auf einem kleinen Bergplateau thronenden Weilers **Katharinaberg**, zweigt dann ein einspuriges Holpersträßchen ins wilde Pfossental ab. Am wirklich urigen – oder sollte man lieber sagen ursprünglichen – Gasthaus **Vorderkaser**, endet dann alle Fahrerei. Beste Gelegenheit übrigens, um verloren gegangene Kalorien auf deftig-leckere Art wieder auszugleichen.

Staubende Wasser

Bevor die gemütlich brodelnde Kurmetropole **Meran** dieser landschaftlich ganz sicher beeindruckenden Runde ein angemessenes Ende setzt, lohnt noch der Weg hinauf zum imposanten Wasserfall von **Partschins**. Allerdings muss man die letzten Meter dorthin per pedes unternehmen. Das ist zunächst erst mal schweißtreibend, dann aber so richtig angenehm, weil staubende Gischt wieder für prickelnde Erfrischung sorgt. Eben genau das richtige »Fade out« für ein erstklassiges Motorradabenteuer.

Wo die Gischt nur so staubt: schönster Wasserfall Südtirols bei Partschins

INFORMATION

• Vinschgau
Tourismusverband Vinschgau
Kapuzinerstraße 10
I-39028 Schlanders (Silandro)
Tel. 00 39/04 73/62 04 80
Fax 00 39/04 73/62 04 81
E-Mail
info@vinschgau-suedtirol.info
Internet
www.vinschgau-suedtirol.info

• Schnalstal
Tourismusverein Schnalstal
Kasthaus 42
I-39020 Schnalstal/Südtirol
Tel. 00 39/04 73/67 91 48,
Fax 00 39/04 73/67 91 77,
E-Mail info@schnalstal.it
Internet www.schnalstal.com

• Meran
Kurverwaltung Meran
Freiheitsstraße 45
I-39012 Meran (Merano)
Tel. 00 39/04 73/27 20 00
Fax 00 39/04 73/23 55 24,
E-Mail info@meran.eu
Internet www.meraninfo.it

UNTERKUNFT

• Reschen am See
Garni Wallnöfer
Hauptstraße 12
I-39027 Reschen
Tel. 0039/0473/63 32 27,
Fax 0039/0473/63 23 19,
E-Mail
j.wallnoefer@rolmail.net
Internet
www.moto-bike-wallnoefer.it
Die Motorradadresse im Gebiet
schlechthin.
€

• Nauders (im nahen Österreich)
Hotel Nauderer Hof
A-6543 Nauders
Tel. 0043/(0)5473/8 77 04,
Fax 0043/(0)5473/8 77 77,
E-Mail info@naudererhof.at
Internet www.naudererhof.at
Nobles 4-Sterne-Hotel mit allem Komfort.
€€€

Gästeheim Sigrid
A-6543 Nauders 373
Tel. 0043/5473/8 74 29,
Fax 0043/5473/8 61 67
E-Mail
sigrid.nauders@tirol.com
Internet
www.resch-reschenpass.at
Preiswert, bodenständig, gut.
€

• Schenna bei Meran
Hotel Fink
Verdinserstraße 9b
I-39017 Schenna

125

Roadbook 9 Vinschgau

Nr.	km	Position	Richtung	Information		
17	236	Naturns	↰	Nach Meran. In Partschins (nach 9 km) links Abstecher zum sehenswerten Wasserfall möglich.	✱ ⬅	SS38 / 26
16	210	Vorderkaser	↓	Zurück auf bekannter Strecke bergab über Schnals bis nach Naturns.		— / 14
15	196	Schnals	↳	Recht holprige und abenteuerliche Strecke durch das urige Pfossental zum Gasthof Vorderkaser.	✱ ⬛ ⯈	— / 5
14	191	Kurzras	↱	Am Ende des Schnalstals umkehren und retour durch die hochalpine Kulisse bis Schnals.	✱	— / 14,5
13	176,5	Kompatsch	↰	Der Abzweig ins Schnalstal befindet sich unter Burg Juval, wo Reinhold Messner zu Hause ist.	🏰	— / 23,5
12	153	Goldrain	⊣	In Richtung Meran	✿ ⬅	SS38 / 13
11	140	Zufrittsee	→	Am Zufrittsee retour durch das Martelltal.	✱ ✿ ⬛	— / 20

Nr.	km	Position	Richtung	Information	Strecke
10	120	Goldrain		Steile, spannende Strecke ins wilde Martelltal bis zum Zufrittsee.	RB06 / 20
9	100	Schlanders		Nur kurz auf SS 38 in Richtung Meran.	SS38 / 5
8	95	Schluderns		Kleine Straße mit Superaussicht über Tanas nach Schlanders.	— / 20
7	75	Mals		Wieder auf SS40 an der Etsch entlang.	SS40 / 5
6	70	Tanai		Am Straßenende in Tanai retour durch das Matscher Tal.	— / 13,5
5	56,5	Mals		Wieder ein wunderschöner Abstecher durch das Matscher Tal bis Tanai.	— / 13,5
4	43	Graun		In Richtung Meran. Im Reschensee kann man die halb versunkene Kirche bestaunen.	SS40 / 16
3	27	Melag		Am Ende der Straße umkehren und retour durch das Langtauferer Tal.	— / 11

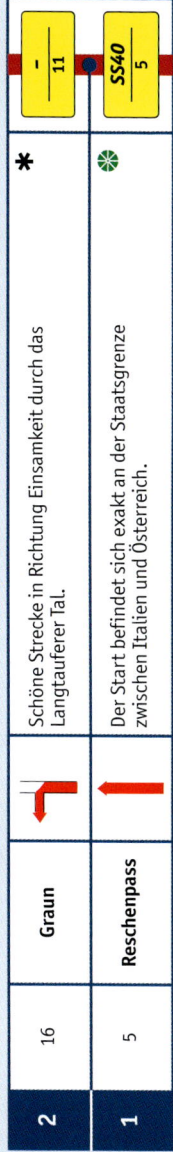

Tel. 0039/0473/94 58 48
Fax 0039/0473/94 56 62
E-Mail info@hotel-fink.com
Internet www.hotel-fink.com
Schönes Haus mit Aussicht über
das Etschtal.
€€

ESSEN & TRINKEN

• **Reschen**
Motorradcafé Biker News im
Garni Wallnöfer in Reschen
(Adresse s. oben).
Imbisse und mehr.

• **Pfossental**
Gasthaus Vorderkaser, am Stra-
ßenende im Pfossental. Haus-
mannskost auf Südtiroler Art.

MOTORRADFAHREN

Der Vinschgau liegt zentral und
grenzt im Westen an Österreich
und die Schweiz. Das garantiert allerbeste Motorradabenteuer mit ständig anderen
Passstraßen.

KARTE

• Michelin-Local Karten
Italien 354: Trentino-Südtirol,
Maßstab 1:200 000

• Touristische Straßenkarte
des Touring-Club Italiano (TCI)
Italien, Blatt 3:
Trentino-Südtirol, Maßstab
1:200 000 (wasserfest).

VERANSTALTUNGEN

• **Reschen**
Internationales Skijachting Re-
schen-Stilfser Joch (jedes Jahr
im Juli!). Info bei Tourismusverband Vinschgau (s. oben)

SEHENSWERT

• **Reschensee**
Kirchturm von Alt-Graun, das
meist abgebildete Fotomotiv des
Vinschgaus. 1950 musste ein
Dorf dem Bau des Stausees wei-
chen und als Erinnerung ragt
heute der Turm aus dem See.

• **Mals**
Benediktinerstift Marienberg
(12. Jh.) in Burgeis. Das Kloster
der Grafen von Tarasp/Engadin.
Benediktinerabtei Marienberg
Schlinig 1
I-39024 Mals
Tel. 0039/0473/83 13 06,
Fax 0039/0473/83 06 63
E-Mail: info@marienberg.it
Internet www.marienberg.it

• **Laas**
Seilbahn St. Martin am Kofel,
ganzjährig im Betrieb, führt
zum kleinen Dorf St. Martin am
Kofel, von wo aus man Wande-
rungen zu Bauernhöfen unternehmen kann.

• **Kastelbell**
Schloss Juval, 1278 erbaut und
seit 1983 Wohnsitz von Rein-
hold Messner, der mehrere
Kunstsammlungen dort unter-
gebracht hat; Tibetika-Samm-
lung, Bergbildgalerie usw.
Führungen ab Palmsonntag –
30.06. und 01.09. – Anfang
Nov. täglich 10–16 Uhr. Mi Ru-
hetag.
Schloss Juval
I-39020 Kastelbell (BZ)
Tel. + Fax 00 39/348/443 38 71
E-Mail info@messner-moun-
tain-museum.it
Internet www.messner-moun-
tain-museum.it

Durch die bleichen Berge

TOUREN-CHECK

 6–7 Stunden 🏍 272 Kilometer

🏍 »Dolomiten« – wenn man nur an diesen Teil der Alpen denkt, wird in Motorradfahrerkreisen schon jeder unruhig. Denn rund um die meist ziemlich abrupt in den Himmel ragenden Kalkmassive gibt's mit die besten Touren, die man auf unserem Planeten finden kann. Diese sensationelle Traumroute rund um die berühmten Drei Zinnen macht auch anspruchsvolle Biker glücklich. Klasse Passfahrten und winzige Alpensträßchen verlocken zur Kurvenhatz.

Start und Ziel dieser absoluten Traumtour befinden sich in **Toblach** im **Hochpustertal**. Bevor es aber »so richtig ernst wird«, bleibt im **Höhlensteintal** auf lang gezogenen Geraden erst mal Zeit zum angemessenen Warmfahren. Aber dann geht's richtig los. Die anschließende Strecke von **Schluderbach** Richtung **Misurinasee** bringt nämlich nicht nur ordentlich Höhenmeter, sondern auch schon mal die eine oder andere kernige Schräglage. Vor allem auch dann, wenn man sich den mautpflichtigen Absteicher hinauf Richtung »**Drei Zinnen**« gönnt. Anschließend swingt man via dem **Passo Tre Croci** hinüber nach

Auf dem Weg von Cortina zum Falzarego

131

Cortina d'Ampezzo. Im Olympiaort von 1956, der bereits in der Provinz Belluno liegt, beginnt die Strecke hinauf zum **Passo di Falzarego**, und die setzt dem bis hierher Erlebten noch mal eine Krone auf.

Wege des Krieges

Verweilen wir ein wenig und gedenken der tapferen Helden, die ihren Leib teils freiwillig, teils gezwungenermaßen zu Felde trugen und deswegen oft wenig heldenhaft für das Vaterland den Tod fanden. Denn mitten über den herrlichen Passo di Falzarego verlief in den Jahren 1915–1917 die mörderische Alpenfront, an der sich vorwiegend Österreicher und Italiener gegenüberlagen. Artilleriegeschosse und eine Haubitze aus jener grausamen Zeit können hier oben übrigens noch bestaunt, aber wahrlich nicht bewundert werden. Außerdem sollte man sich darüber im Klaren sein, dass viele der Passstraßen, die sich in den Dolomiten heutzutage so zauberhaft genießen lassen, früher einmal Wege des Krieges waren. Sie wurden einzig und allein dafür gebaut, um Truppen, Waffen und Munition hinauf und Tote oder Verwundete wieder herunter zu transportieren. Und zwar in genau dieser Reihenfolge.

Serpentinenensemble bis zum Abwinken

Frühjahrs-anblick der Drei Zinnen – aus dieser Perspektive sind allerdings nur zwei davon zu sehen.

Wenden wir uns aber lieber den Dingen zu, die wohl als einzig schöne Erinnerung des Ersten Weltkriegs übrig blieben: Ein Spitzkehren- und Serpentinenensemble, das erst ganz weit unten in **Caprile** ein jedoch nur vorläufiges Ende findet. Denn schon nach ein paar Kilometern erlebt man annähernd Ähnliches bergan, quert den **Passo di Fedáia** unterhalb des imposanten **Marmoladagletschers** und nimmt bergab ins **Fassatal** wieder Kurven in allerschönsten Variationen unters Gummi.

Belluneser Bau-
kunst bei Rocca
Pietore

Das geht danach am **Karerpass** genauso weiter. Apropos Karer Pass: Gleich unterhalb, schon in der Provinz Bozen gelegen, taucht links neben der Straße der **Karersee** auf. Wenigstens im Frühjahr, wenn das flache Gewässer von der Schneeschmelze üppig gefüllt ist, lässt sich der Gebirgs-stock des **Latemar** als attraktive Spiegelung auf der glit-zernden Wasseroberfläche bewundern.

15 kernige Serpentinen am Stück

Ab **Welschnofen** rollt man auf einer Straße weiter, deren Existenz von vielen Karten klammheimlich verschwiegen wird. Das garantiert ein ziemlich ungetrübtes Fahrvergnü-gen bis hinein nach **Steinegg**. Der Ort kauert übrigens nicht nur wie ein Adlerhorst hoch über Südtirols Metropole Bozen, sondern beherbergt auch das überregional be-kannte Motorradhotel »Steinegger Hof«. Der Chef des Hauses, Kurt Resch, fährt selber eine Ducati Multistrada und kennt sich in den Dolomiten bestens aus. Zudem hat ers sich als Tourguide ausbilden lassen, will heißen, dass er als Guide den Gästen des Hauses die wirklich besten Strekken zwischen Gardasee und Tauern, zwischen Ortler und dem gar nicht mehr weit entfernten Venedig zeigt. Allerdings steht vor den meisten Touren gleich ein fahrtechnisches Zuckerl. Will man nämlich hinunter ins **Eisacktal** oder nach **Bozen**, dann warten ab dem Ortsende 15 kernige Serpentinen am Stück, und die gilt es auch bei dieser Runde zu meistern.

Hübsch herausgeputzte Dörfer

Ab **Blumau** geht's wieder bergan. Die teilweise Umrundung des 2564 m hohen **Schlern**, ein mächtiger Kalkklotz, der als Wahrzeichen Südtirols gilt, steht an. Dabei passiert man hübsch herausgeputzte Dörfer wie **Völs** oder auch **Kastelruth**, Heimat der (je nach Musikgeschmack) berühmtberüchtigten Spatzen. In **Seis** – nur etwas weiter – bietet sich zudem ein Abstecher zur **Seiser Alm** an.

Special

Die Dolomiten: was für ein Gebirge! Schroff, bizarr und wie der Name schon vermuten lässt, besteht es hauptsächlich aus dem gesteinsbildenden Mineral Dolomit ($CaMg(CO_3)_2$), benannt nach dem französischen Mineralogen D. de Gratet de Dolomieu (1750–1801), der dieses Mineral erstmals beschrieb. Den Sockel des wilden Gebirges bilden aber häufig andere Gesteine, wie Schiefer, Sandsteine oder auch magmatische Porphyre. Landläufig unterscheidet man die Belluneser, Friauler, Ampezzaner, Grödner, Fassaner, Sextener Dolomiten, aber auch die westlich der Etsch gelegene Brentagruppe gehört noch dazu. Der höchste Berg im Gebiet ist die Marmolada mit einer Höhe von 3342 m, aber noch rund 20 andere Gipfel erreichen Höhen von über 3000 m. So ist es nicht verwunderlich, dass mehr als 40 Gletscher den oft bizarren Bergen weiße Hüte aufsetzen.

Wenigstens in den klassischen Dolomiten, also östlich der Etsch, lebte ursprünglich die Volksgruppe der Ladiner, deren Kultur sehr stark durch die aus dem Norden stammenden Bajuwaren (Bayern) geprägt und auch durch italienische Einflüsse verändert wurde. Heute leben noch etwa 20000 Angehörige dieser einst keltischen Volksgruppe.

Allerdings ist die größte Hochalm Südtirols, so scheint es, längst überregional bekannt. Entsprechender Betrieb herrscht daher auf der Alm selbst, aber auch auf der Zufahrtsstraße. Daher sollte man auf eine Erfahrung in Sachen Massentourismus verzichten, jedenfalls wenn man den Ausgangspunkt dieser Zauberrunde noch vor Einbruch der Dunkelheit erreichen will. Immerhin warten ja noch herrlichste Strecken im **Grödner Tal**, am **Grödner Joch**, im **Gadertal** und am **Furkelsattel**, bevor man das Hochpustertal wieder erreicht.

Traumwelt am Fedáia mit Blick auf die Civetta (3218 m)

INFORMATION

• Hochpustertal

Tourismusverband
Hochpustertal
Dolomitenstraße 29
I-39034 Toblach
Tel. 00 39/04 74/91 31 56
Fax 00 39/04 74/91 43 61
E-Mail
info@hochpustertal.info
Internet
www.hochpustertal.info

• Steinegg

Tourismusverein Steinegg
I-39050 Steinegg
Tel. 0039/0471/37 65 74
Fax 0039/0471/37 67 60
E-mail info@steinegg.com
Internet www.steinegg.com

• Gröden

Tourismusverein St. Christina
Streda Chemun 9
I-39047 St. Christina (S. Cristina)
Tel. 00 39/04 71/77 77 77
Fax 00 39/04 71/79 22 35
E-Mail info@valgardena.it
Internet www.valgardena.it

UNTERKUNFT

• Sexten

Hotel Kreuzbergpass
I-39030 Sexten (Sesto)
Tel. 00 39/04 74/71 03 28
Fax 00 39/04 74/71 03 83
E-Mail
hotel@kreuzbergpass.com
Internet
www.kreuzbergpass.com
Tolles Haus direkt am Kreuzbergpass, also nicht weit vom
Start der Tour entfernt. Sehr
gute Küche.
€€€

• Steinegg

Hotel »Steinegger Hof«
Oberdorf 128
39050 Steinegg (Collepietra)
Tel. 0039/0471/37 65 73
Fax 0039/0471/37 66 61
E-Mail
info@steineggerhof.com
Internet
www.steineggerhof.com
Eines der besten Motorradhotels der Gegend, das auch
günstige Pauschalprogramme
inklusive geführter Touren
anbietet.
€€

• Welsberg

Hotel Dolomiten
Bahnhofstraße 13
I-39035 Welsberg (Monguelfo)
Tel. 0039/04 74/94 41 46
E-Mail info@bikehotel.com
Internet www.bikehotel.com
Die Gästezimmer des Traditions-
hauses wurden neu gestaltet.
€€

ESSEN & TRINKEN

Auf den jeweiligen Passhöhen
gibt es reichlich Einkehrmöglichkeiten. Sie zeichnen sich
zwar nicht immer durch ein besonders gutes Preis-Leistungs-Verhältnis aus, aber dennoch
trifft man hier reichlich Gleichgesinnte.

MOTORRADFAHREN

In den Dolomiten besteht
Suchtgefahr nach Kurven, Kehren, Spitzkehren, Serpentinen
und den passenden Schräglagen. Allerdings sollte man bei
allem Genuss hier und da den
Gasschieber mit Gefühl betätigen. Denn in den Dolomiten
gibt es häufiger unangekündigte Rollsplittstrecken.

137

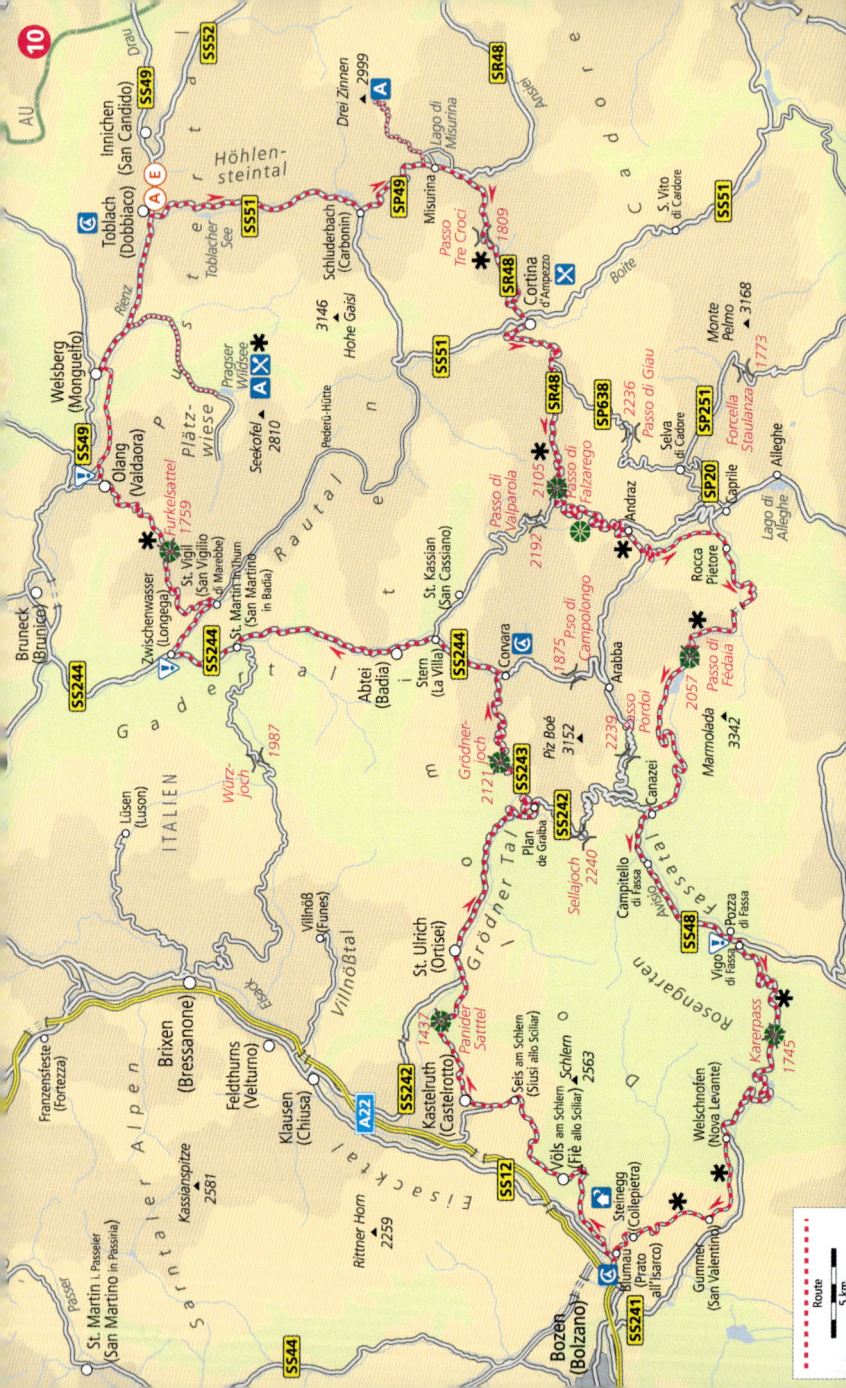

Roadbook 10 Dolomiten

Nr.	km	Position	Richtung	Information		
19	272	**Welsberg**	↰	Zurück nach Toblach. Bei Kilometer 2,5 lohnende Abstecher rechts zum Pragser Wildsee und zur Hochalm Plätzwiese.	SS10 / 10	* 🅰 ❌
18	262	**Olang**	↰	Von Olang auf kleiner Straße parallel zur SS49 nach Welsberg.	– / 9	▷
17	253	**St.Vigil**	↱	Wunderschönes kleines Passsträßchen über den Furkelsattel.	5 / 19	* ❀ ▷
16	234	**Zwischen-wasser**	↱	Von der SS244 abbiegen nach St.Vigil.	– / 5	
15	229	**Corvara**	↱	Zügig durch das schöne Gadertal.	SS244 / 23	🅖
14	206	**Plan de Gralba**	↱	Traumsurf über das Grödnerjoch, Superaussicht.	SS243 / 15	❀
13	191	**St.Ulrich**	↱	In Richtung Sellajoch.	SS242 / 14	

Nr.	km	Position	Richtung	Information	Symbole	Straße
12	177	**Blumau**		Nur kurz auf der SS12 bleiben, dann über Völs, Kastelruth, Seis und den Panider Sattel ins Grödner Tal.	✹ 🕐	– / 28
11	149	**Abzweig Steinegg**		Auf einsamer Straße nach Steinegg, dann durch 15 Kehren bergab bis Blumau.	✳ 📷	– / 15
10	134	**Welschnofen**		Verschwiegenes Sträßchen in Richtung Gummer.	✳	– / 6
9	128	**Pozza**		Tolles Kurvengeschlängel über den Karerpass.	✳ ✹ ▷▷	*SS241* / 19
8	109	**Canazei**		Strecke mit häufig viel Verkehr.	▷	*SS48* / 11
7	98	**Caprile**		Strecke über den Passo di Fedáia.	✳ ✹	– / 28
6	70	**Cernadoi**		Ausschilderung Alleghe. Weiterhin Superserpentinen bergab.		*SR203* / 10
5	60	**Passo di Falzarego**		Superaussicht inmitten der Traumwelt der Dolomiten.	✳ ✹	*SR48* / 9

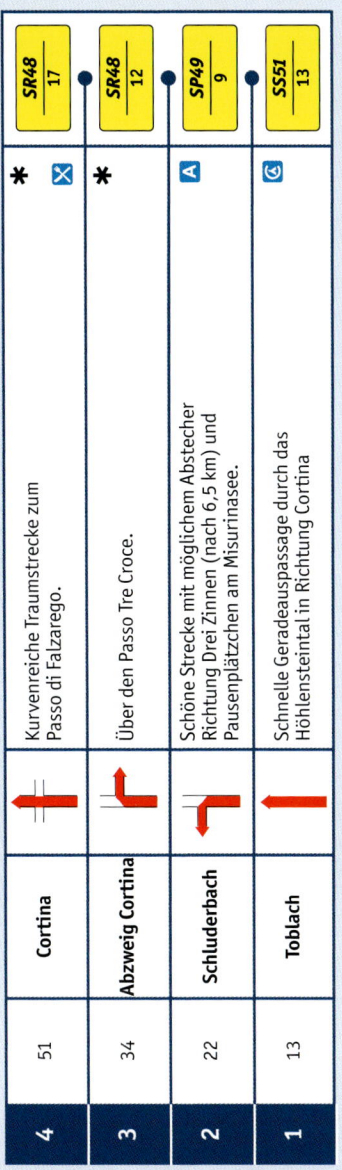

4	51	**Cortina**	←	Kurvenreiche Traumstrecke zum Passo di Falzarego.	✱ ⊠	SR48 / 17
3	34	**Abzweig Cortina**	↰	Über den Passo Tre Croce.	✱	SR48 / 12
2	22	**Schluderbach**	↱	Schöne Strecke mit möglichem Abstecher Richtung Drei Zinnen (nach 6,5 km) und Pausenplätzchen am Misurinasee.	A	SP49 / 9
1	13	**Toblach**	←	Schnelle Geradeauspassage durch das Höhlensteintal in Richtung Cortina	⊙	SS51 / 13

KARTE

• Touristische Straßenkarte des Touring-Club Italiano (TCI) Italien, Blatt 3: Trentino-Südtirol, Maßstab 1:200 000 (wasserfest).

• Michelin-Local Karten Italien 354: Trentino-Südtirol, Maßstab 1:200 000

VERANSTALTUNGEN

• **Corvara**
Trachtenfest, jedes Jahr Anfang August. Info:
Tourismusverein Corvara
Streda Col Alto 36
I-39033 Corvara
Tel.0039/0471/83 61 76
Fax 0039/0471/83 65 40
E-Mail corvara@altabadia.org
Internet www.altabadia.org

• **Kastelruth**
Spatzenfest (wenn man's mag), jedes Jahr in der ersten Oktoberwoche. Info:
Tourismusbüro Kastelruth
Krausplatz 2
I-39040 Kastelruth (Castelrotto)
Tel. 00 39/04 71/70 63 33
Internet
www.urlaub-kastelruth.com

SEHENSWERT

• **Völs am Schlern**
Schloss Prösels
Prösels 21
I-39050 Völs am Schlern
Tel. 00 39/04 71/60 10 62
www.schloss-proesels.it

Pflicht & Kür für Biker!

100 ALPENPÄSSE
MIT DEM MOTORRAD

Die schönsten Kurven in den Ost- und Westalpen

Heinz E. Studt

BRUCKMANN

ISBN 978-3-7654-4770-9

Das komplette Programm unter
www.bruckmann.de

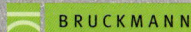

BRUCKMANN

Register